초등 선생님이 뽑은 남다른 관용어

박수미 지음
김잔디·이창우 그림

술술 이야기를 읽다 보면
관용어가 머리에 쏙쏙! 어휘력이 쑥쑥!

다락원

알고 보면 참 재미있는 우리말, 관용어!

"역시 우리는 손발이 잘 맞는다니까!"

손발이 잘 맞는다고요? 그러면 친구의 손과 발 크기가 나와 딱 맞는다는 말일까요? 아니죠. 여기서 '손발이 맞다'는 마음이나 의견이 잘 통한다는 뜻이에요.

이렇듯 관용어는 두 개 이상의 단어들이 만나 원래의 뜻과는 다른 새로운 의미를 지니는 어구를 말해요. 특수한 의미를 가져서 길게 말하지 않아도 내 생각을 효과적으로 전할 수 있는 재미있는 표현이지요.

알고 보면 참 재미있는 표현, 익혀 두면 참 쓸모 있는 관용어!
그런데 막상 뜻을 물어보면, 자주 듣던 말인데도 정확히 무슨 뜻인지는 모를 때가 많아요. 멋모르고 쓰던 말이지만, 정작 의미는 콕 집어 설명할 수 없을 때도 있고요.

"너 자꾸만 시치미 뗄래?"
"집안이 쑥대밭이 되었네!"

목소리와 표정을 보니 좋은 말은 아닌 것 같은데 설명하려니 말문이 막히는 것처럼요.

그래서 이 책을 쓰게 되었어요.
이 책을 읽고 나면 힘들이거나 애쓰지 않아도 관용어의 뜻을 저절로 이해하게 될 거예요. 교과서에 나오는 재미있는 옛이야기를 읽으면서 자연스럽게 관용어를 익힐 수 있고, 더불어 생활 속 상황을 들어 그 뜻과 쓰임새를 재미있게 풀이했으니까요. 그리고 비슷하거나 반대되는 관용어, 관련 속담과 성어도 일러두어 우리말 실력이 쑥쑥 자랄 수 있도록 했지요.

무엇보다 글을 쓰면서 제일 많이 생각한 것은 이 책이 우리 친구들에게 공부해야 할 골치 아픈 학습서가 아니라 술술 읽혀서 자연스럽게 기억되는 재미있는 책이 되었으면 좋겠다는 것이었어요.
어때요? 얼른 읽어 보고 싶지요?

재미있고 유익한 책을 쓰기 위해 밤낮 가리지 않고 머리를 굴리는 박수미 씀

관용어를 더 잘 아는 비법을 알려 줄게!

동화 속에 나오는 관용어

동화 속에 나오는 관용어를 형광펜으로 쓰윽~! 형광펜으로 칠해진 부분을 중심으로 앞뒤 문맥을 살펴보세요. 관용어가 어떤 뜻으로 쓰이는지 상상해 볼 수 있어요.

일상생활에서 쓰이는 예시

우리 일상생활에서는 관용어를 어떻게 사용할 수 있을까요? 그 예시를 재미있는 이야기로 보여 줘요. 관용어의 뜻 부분을 형광펜으로 쓰윽~! 칠해서 관용어가 어떤 뜻을 가지고 있는지 정확하게 알 수 있어요.

비 비슷한 관용어

해당 관용어와 비슷한 뜻을 가진 관용어, 형용사, 부사, 명사 등을 알 수 있도록 하였어요.

성 관용어와 비슷한 뜻을 가진 성어

해당 관용어와 비슷한 뜻을 가진 성어를 알 수 있어요.

반 반대되는 관용어

해당 관용어와 반대되는 뜻을 가진 관용어, 형용사, 부사, 명사 등을 알 수 있도록 하였어요.

속 관용어와 비슷한 뜻을 가진 속담

해당 관용어와 비슷한 뜻을 가진 속담을 알 수 있어요.

** 이 책에 나오는 관용어 중 국립국어원 관용어 사전에 등재되어 있지 않은 관용어는 최경봉 선생님이 지으신 『의미 따라 갈래지은 우리말 관용어 사전』(일조각)을 참고하였음을 밝힙니다.

차례

"꾀 많은 토끼와 호랑이" 속 관용어 ⋯⋯⋯⋯⋯⋯⋯⋯⋯⋯⋯ 8

"나무 그늘을 산 총각" 속 관용어 ⋯⋯⋯⋯⋯⋯⋯⋯⋯⋯⋯ 22

"멸치 대왕의 꿈" 속 관용어 ⋯⋯⋯⋯⋯⋯⋯⋯⋯⋯⋯⋯⋯⋯ 38

"바리데기 공주" 속 관용어 ⋯⋯⋯⋯⋯⋯⋯⋯⋯⋯⋯⋯⋯⋯ 52

"반쪽이" 속 관용어 ⋯⋯⋯⋯⋯⋯⋯⋯⋯⋯⋯⋯⋯⋯⋯⋯⋯⋯ 68

"방귀쟁이 며느리" 속 관용어 ⋯⋯⋯⋯⋯⋯⋯⋯⋯⋯⋯⋯⋯ 84

"백일홍" 속 관용어 ·· 100

"삼년고개" 속 관용어 ······································ 116

"소가 된 게으름뱅이" 속 관용어 ························ 130

"어리석은 도깨비" 속 관용어 ···························· 144

"콩쥐 팥쥐" 속 관용어 ····································· 160

"흥부와 놀부" 속 관용어 ································· 176

이 책에 나오는 관용어 ················· 190

꾀 많은 토끼와 호랑이

작품 속 관용어

숨넘어가는 소리 | 사족을 못 쓰다 | 간에 기별도 안 가다
목이 빠지게 기다리다 | 간이 붓다 | 이를 갈다 | 서슬이 푸르다 | 머리를 굴리다
마음에 없다 | 손가락 하나 까딱 않다 | 귀가 얇다 | 배꼽을 잡다

먼 산으로 해가 뉘엿뉘엿 질 무렵, 토끼 한 마리가 숲을 깡충깡충 지나고 있었어요. 토끼는 반지르르한 코를 벌름거리며 요기조기 기웃거렸죠. 그런데 그때 집채만 한 호랑이가 토끼 앞에 떡하니 나타났어요.

"어흥! 마침 배가 고팠는데 잘되었구나."

호랑이는 당장에라도 잡아먹을 듯 날카로운 발톱을 세우고 토끼에게 달려들었어요.

"잠깐만요! 호랑이님! 제가 맛있는 떡을 드릴게요."

토끼가 앞발로 얼굴을 가린 채 **숨넘어가는 소리**를 했어요. 호랑이는 떡이라는 말에 멈칫했지요. 사실 이 호랑이가 떡이라면 사족을 못 쓰는 떡보 호랑이였거든요.

"떡이라고?"

"예, 저를 살려 주시면 제가 맛있는 떡을 구워드릴게요."

호랑이는 토끼의 말에 홀딱 넘어갔어요. 어차피 작은 토끼 한 마리로는 간에 기별도 안 갈 것 같았거든요. 호랑이는 떡을 먹고 난 뒤 토끼를 잡아먹어야겠다고 생각했지요.

토끼는 재빨리 모닥불을 활활 피웠어요. 그리고 떡처럼 생긴 작은 조약돌을 굽기 시작했어요.

"이게 돌떡이라는 건데 말랑말랑 익으면 정말 맛있답니다. 참! 떡 찍어 먹을 꿀을 깜빡했네! 제가 금방 다녀올 테니 잠깐만 기다리십시오."

토끼는 잰걸음으로 짧은 꼬리를 실룩거리며 산에서 내려갔어요.

호랑이는 토끼가 돌아오기를 목이 빠지게 기다렸지요. 하지만 토끼는 사방이 캄캄해지도록 돌아오지 않았어요.

"다 익은 것 같은데 딱 하나만 맛볼까?"

너무너무 배가 고팠던 호랑이는 돌떡을 냉큼 집어삼켰어요.

"앗, 뜨거워! 아이고, 내 이빨!"

돌떡을 삼킨 호랑이는 펄쩍펄쩍 뛰더니 땅바닥을 데굴데굴 구르며 발버둥을 쳤어요. 눈물이 찔끔, 입안이 얼얼. 호랑이는 죽다 살아난 것 같았어요.

"이놈의 토끼가 간이 부었구나. 감히 나를 속이다니!"

호랑이는 괘씸한 토끼를 생각하며 부득부득 이를 갈았어요.

그로부터 한참이 지난 추운 겨울날, 커다란 호수 앞에서 토끼와 호랑이가 딱 마주치고 말았어요.

"네 이놈!"

호랑이의 서슬 푸른 목소리가 호숫가에 쩌렁쩌렁 울렸어요.

"아이고, 호랑이님!"

토끼는 호랑이 앞에 납작 엎드렸어요. 그리고 얼른 머리를 굴렸죠.

"호랑이님께서 저 때문에 다치셨다는 소문을 듣고 제가 얼마나 마음이 아팠는지 모릅니다. 그래서 물고기를 잔뜩 잡아 호랑이님께 바치려던 참이었지요."

"뭐라고? 내가 그 말에 또 속아 넘어갈 것 같으냐?"

"숲 속에서 제일 지혜로운 호랑이님이 저에게 속을 리가 있나요!"

토끼는 마음에 없는 말로 호랑이 비위를 맞추었어요.

"제 말대로 한번 해 보십시오. 그러면 손가락 하나 까딱 않고 물고기를 잡을 수 있다니까요."

귀가 얇은 호랑이는 토끼의 말을 또 곧이곧대로 믿고 말았어요.

호랑이는 토끼가 시키는 대로 호숫가에 쪼그리고 앉아 털이 복슬복슬한 꼬리를 차가운 물속에 쏙 넣었어요. 잠시 후, 호랑이 꼬리털이 빠짝 곤두서면서 뻣뻣해지기 시작했어요.

"조금만 더 기다리십시오. 그래야 물고기를 많이 잡을 수 있습니다."

호랑이는 물고기를 잔뜩 먹으려는 욕심에 '조금만 더, 조금만 더' 하며 참았어요. 그러다 이제 됐다 싶어 꼬리를 들어 올리려는 순간!

"엇! 꼬리가 왜 이러지?"

호랑이가 아무리 움직이려고 애를 써도 꼼짝달싹할 수 없었어요. 꼬리는 이미 호수에 꽁꽁 얼어붙어 버렸으니까요. 호랑이는 앉지도 일어서지도 못하고 쩔쩔맸지요. 그 모습을 본 토끼가 배꼽을 잡고 웃었어요.

"으하하! 호랑이님, 더 힘껏 당기셔야죠!"

토끼는 낑낑거리는 호랑이를 실컷 골려 놓고 멀리멀리 사라졌어요. 결국, 어리석은 호랑이는 꼬리를 댕강 자르고 나서야 호수에서 풀려날 수 있었대요.

지나치게 욕심을 부리다 보면 가진 것도 몽땅 잃어버릴 수 있어요. 돌떡까지 먹으려다 토끼와 돌떡 두 가지 다 놓쳐 버리는 것처럼 말이에요. 행복한 사람은 많이 가진 사람이 아니라, 내가 가지고 있는 것에 만족하며 감사할 줄 아는 사람이랍니다.

숨넘어가는 소리

"선생님, 찬영이가 놀다가 다쳐서 피가 나요." 운동장에서 교실까지 헐레벌떡 뛰어와 말하려니 헉헉! 숨넘어가는 소리가 저절로 나와요. 빨리 알려야 한다는 생각에 정신없이 뛰어왔거든요. 이렇게 매우 다급해서 숨도 못 쉬고 급하게 내는 소리를 '숨넘어가는 소리'라고 해요.

사족을 못 쓰다

"교실 뒷정리 도와줄 사람?" 아무리 둘러봐도 손드는 사람 하나 없더니 "도와주면 아이스크림 사 줄게."라는 한마디에 서로 도와주겠다고 난리예요. 어휴, 아이스크림 하나에 사족을 못 쓴다니까요.

사족(四足: 넉 사, 발 족)은 네 개의 발을 뜻해요. 그러니까 사람으로 치면 두 팔과 두 다리를 말하지요. 손과 발을 쓸 수 없으니 제대로 움직일 수 없겠죠? 이 표현은 어떤 것을 좋아해서 그것에 꼼짝 못 한다는 의미인데 가끔 '사죽을 못 쓴다'로 잘못 사용하는 사람도 있어요.

비 **사지를 못 쓰다**: 사지(四肢: 넉 사, 팔다리 지)는 두 팔과 두 다리를 말해요

간에 기별도 안 가다

기다리고 기다리던 급식 시간이에요. 엥? 그런데 치킨 하나가 끝? 이래서야 간에 기별도 안 가죠. '간에 기별도 안 가다'는 음식을 먹었는데 너무 적어서 간까지는 소식도 못 전한다는 의미예요.

그런데 음식은 먹으면 '위'로 이동하는데 왜 '간'에 기별이 안 간다고 했을까요? 한의학에서는 우리가 먹은 음식을 몸에 필요한 에너지로 만드는 곳이 '간'이라고 본대요. 그러니까 이 표현은 간에서 에너지가 만들어질 만큼 충분히 먹지 못했다는 뜻이에요.

비 간에 차지 않다

목이 빠지게 기다리다

마음에 드는 신발이 하루, 이틀, 사흘이 지나도 안 와요. 그럴 때는 지나가는 차가 다 배달 차로 보이고 온종일 택배 기사만 목이 빠지게 기다리게 된다니까요.

저 멀리 오는 사람이 내가 기다리는 사람이 맞는지 확인할 때, 목을 길게 늘이고 보게 돼요. 그렇게 몹시 애타는 마음으로 기다리는 것을 과장되게 표현한 것이 바로 '목이 빠지게 기다리다'예요. '목' 말고도 한참을 바라보고 있어서 '눈이 빠지게 기다리다'라는 표현도 쓰지요.

비 눈이 빠지게 기다리다, 손꼽아 기다리다

간이 붓다

"너 숙제부터 하고 놀라고 했지?" "숙제는 밤에 해도 되지만 노는 것은 친구들이 있을 때 놀아야 한단 말이야." 엄마의 잔소리에 따박따박 말대꾸를 하는 나, 아무래도 내가 간이 부었나 봐요.

간은 뜨거워지면 점점 커져서 웬만한 일에는 겁을 내지 않게 된다고 해요. 하지만 간이 더 커져 행동이 통제할 수 없을 정도로 대담해질 때에는 더 심하게 '간이 붓다'라고 말하지요. 속되게 '간땡이가 부었다'라고도 말해요.

반 간이 작다, 간이 콩알만 하다

이를 갈다

상대편에서 분명히 반칙했는데 아니라고 끝까지 우기더니 우리 편이 살짝 금만 밟아도 야단을 떨며 반칙이래요. 이럴 때는 분한 마음에 어디 한번 두고 보자 싶고, 이를 꽉 물다 못해 부득부득 갈기도 해요. 억울한 일을 당하여 몹시 화가 나거나 분할 때 '이를 갈다'라고 해요.

성 절치부심(切齒腐心: 갈을 절, 이 치, 썩을 부, 마음 심)
: 대단히 분하여 이를 갈고 속을 썩임

서슬이 푸르다

"누가 독립 만세 운동을 시작했는지 말하지 않으면 너는 살아서 나갈 수 없다!" 서슬 푸른 일본 순사의 목소리가 감옥 안에 쩌렁쩌렁 울렸어요. 그래도 유관순은 입을 꾹 다물었지요.

'서슬이 푸르다'라고 하니까 서슬이 뭔지 몰라도 파란색인가 보다 싶지요? '서슬'은 칼이나 유리 조각의 날카로운 부분을 말해요. '푸르다'는 색깔이 아니라 세력이 강하거나, 매우 날카롭다는 뜻이지요. 그러니까 '서슬이 푸르다'라는 말은 칼날이 날카롭게 선 것처럼 ==기세가 아주 강하고 대단할 때== 사용하는 표현이에요.

비 서슬이 시퍼렇다, 서릿발이 서다

머리를 굴리다

'편지를 써 볼까? 선물을 줄까?' 우리 반 인기녀 진서에게 내 마음을 전하고 싶은데, 머리를 굴려 봐도 도무지 모르겠어요.
'머리를 굴리다'는 이렇게 이리저리 머리를 써서 더 좋은 해결 방법을 생각해 내려고 하는 것을 말해요. 속되게 '대가리를 굴리다'라고 말하기도 하지요.

비 머리를 쓰다, 머리를 쥐어짜다

마음에 없다

엄마는 아직도 내가 꼬마라고 생각하나 봐요. 자꾸 레이스가 잔뜩 달린 분홍색 원피스를 입히려고 하시거든요. 나는 그런 옷 마음에도 없는데 말이에요.
'마음에 없다'는 것은 무엇을 하거나 가지고 싶은 생각이 없다는 뜻이에요. 즉, 간단하게 말해서 관심이 없다는 말이지요.

반 마음에 있다

손가락 하나 까딱 않다

"현서야, 물 좀 떠 와라." "여보, 리모컨 좀!" 아빠는 소파에 누워 손가락 하나 까딱 않고 뭐든지 시키기만 하세요.

손가락을 움직이지 않으면 아무것도 할 수 없어요. 바로 앞에

있는 밥도 수저를 잡지 않으면 먹을 수 없는 것처럼 말이에요. 그래서 아무 일도 하지 않고 뻔뻔하게 뒹굴뒹굴 놀고만 있는 것을 곱지 않은 시선으로 볼 때 '손가락 하나 까딱 않다'라는 말을 써요.

비 손끝 하나 까딱 안 하다, 손톱 하나 까딱하지 않다

교과서 수록

귀가 얇다

"준희 엄마가 그러는데 이걸 먹으면 살이 금방 빠진대." 어휴, 우리 엄마는 다른 사람의 말이라면 곧이곧대로 믿어요. 정말 귀가 얇아도 너무 얇아서 탈이라니까요.

'귀가 얇다'는 것은 진짜로 귀나 귓불이 얇다는 게 아니에요. 한 번 걸러 생각지도 않고 남의 말을 쉽게 받아들이는 사람을 보고 '귀가 얇다'라고 한답니다.

비 귀가 무르다, 귀가 여리다, 귓구멍이 넓다
반 귀가 질기다

배꼽을 잡다

아빠가 통닭을 사 왔다고 하니까 5살짜리 동생이 시무룩해요. 자기는 통닭보다 치킨이 더 좋다는 거예요. 동생 때문에 온 식구들이 배꼽을 잡고 웃었지 뭐예요?

오랫동안 웃으면 배가 아플 정도로 배 근육이 땅겨요. 그럴 때는 저절로 배꼽 위에 손을 얹게 되지요. 사실은 웃음을 참지 못해 배를 움켜잡고 크게 웃는 것인데, 이 모습을 보고 '배꼽을 잡다'라고 표현했나 봐요.

비 허리를 잡다, 허리를 쥐고 웃다

나무 그늘을 산 총각

작품 속 관용어

더위를 먹다 | 팔소매를 걷다 | 속이 끓다 | 이를 악물다 | 주먹을 불끈 쥐다
눈이 번쩍 뜨이다 | 두말하면 잔소리 | 가슴을 펴다 | 말문이 막히다 | 엎지른 물
발이 손이 되도록 빌다 | 입을 모으다 | 얼굴을 들다

"총각, 그렇게 쉬지도 않고 일하다가는 더위 먹고 쓰러져요. 여기 그늘에서 좀 쉬게나."

할머니는 팔소매를 걷고 자신을 도와주는 총각에게 시원한 물 한 사발을 대접하며 말했어요. 총각은 풀 베던 낫을 내려놓고 벌컥벌컥 물을 들이켰어요.

"그런데 여기는 그늘이 좁네요. 할머니, 저기 큰 느티나무가 있으니 거기 가서 쉬시죠."

총각이 앞서가려 하자 할머니가 총각의 옷자락을 잡고 말렸어요.

"저기는 욕심쟁이 영감이 눈에 불을 켜고 지키고 있어서 안 돼."
"뭘 지키는데요?"
"뭘 지키긴. 나무 그늘을 지키지."

총각은 할머니의 말을 도무지 알아들을 수 없었어요. 나무 그늘을 지킨다는 얘기는 처음 들었으니까요. 총각은 말리는 할머니를 뒤로하고 큰 느티나무 아래로 성큼성큼 걸어갔어요.

느티나무 아래에는 욕심쟁이 영감이 혼자 대자로 누워 있었어요. 총각은 슬그머니 옆에 앉았죠. 바람이 살랑살랑 불어오니 땀도 쏙 들어가고 금방 시원해졌어요.

"야, 이놈아! 너는 누군데 남의 그늘에 허락도 없이 들어오느냐? 썩 나가지 못해?"

욕심쟁이 영감이 벌떡 일어나더니 다짜고짜 호통을 쳤어요. 총각은 어이가 없어 콧방귀도 안 나왔어요.

"아니, 나무 그늘에 주인이 어디 있다고 이러십니까?"

"주인이 없기는 왜 없느냐? 여기 바로 옆이 내 집이고, 이 나무는 내 증조할아버님이 심으신 것이니 당연히 그늘도 내 것이지!"

총각은 속이 부글부글 끓었지만 이를 악물고 꾹 참았어요.

'쳇! 어디 두고 보자.'

총각은 속으로 욕심쟁이 영감을 혼내 주어야겠다고 생각하며 주먹을 불끈 쥐었어요.

"듣고 보니 영감님 말씀이 맞네요. 그러면 이 나무 그늘을 제가 살 수 있을까요? 더울 때 꼭 필요해서 그러니 10냥에 파십시오."

총각의 말에 욕심쟁이 영감은 눈이 번쩍 뜨였어요. 공짜인 그늘을 팔 수 있다니! 이런 횡재를 놓칠 수는 없잖아요.

"흠흠, 팔기가 좀 아깝기는 하지만 자네가 원한다면 그리하지!"

욕심쟁이 영감은 비실비실 새어 나오는 웃음을 억지로 참으며 점잖게 말했어요.

"여기 10냥 있습니다. 이제 이 그늘은 제 것이지요?"

"그럼, 두말하면 잔소리지! 이제 이 그늘은 자네 것일세."

욕심쟁이 영감은 신이 나서 10냥을 짤랑짤랑 흔들며 나무 그늘 바로 옆에 있는 집으로 냉큼 들어갔어요.

　다음 날, 총각은 아침 일찍부터 나무 그늘에 가 앉았어요. 시원한 그늘에 앉아 오가는 동네 사람들을 불러다 시간을 보냈죠. 그렇게 점심때가 지나자 해가 점점 기울기 시작했어요. 나무 밑에 찰싹 달라붙었던 나무 그늘도 점점 길어져 욕심쟁이 영감네 마당까지 깔렸죠. 총각은 기다렸다는 듯 욕심쟁이 영감네 마당으로 불쑥 들어갔어요.
　"남의 집에는 왜 들어오느냐? 당장 나가거라!"
　욕심쟁이 영감이 헐레벌떡 뛰어나와 총각을 쫓아내려 했어요. 그러자 총각은 오히려 가슴을 쭉 펴고 당당하게 말했어요.
　"영감님이 제게 나무 그늘을 팔지 않으셨습니까? 저는 제 나무 그늘에 쉬러 온 것뿐입니다. 영감님이야말로 나가 주시지요."
　욕심쟁이 영감은 그만 말문이 막혀 버렸어요.
　시간이 지나자 느티나무 그늘은 안방까지 덮었어요. 총각은 이제 안방까지 들어가 두 다리를 쭉 펴고 누웠어요. 욕심쟁이 영감은 가슴을 치며 펄쩍펄쩍 뛰었지요. 하지만 어째요, 이미 엎지른 물인걸.

"이보게, 내가 잘못했네. 여기 10냥 있으니 이제 그만 나가 주게."
욕심쟁이 영감은 발이 손이 되도록 싹싹 빌었어요.
"이렇게 좋은 그늘을 왜 팝니까? 더구나 10냥은 어림도 없지요."
총각은 들은 척도 하지 않았어요.
"인정머리 없이 욕심만 부리더니 꼴좋다!"
마을 사람들은 입을 모아 욕심쟁이 영감을 놀려 댔어요. 욕심쟁이 영감은 창피해서 얼굴도 들지 못하고 애만 태우다 마을을 떠나고 말았답니다.

우리 속담 중에 "제 꾀에 제가 넘어간다"라는 말이 있어요. 꾀를 내어 남을 속이려다 도리어 자기가 그 꾀에 넘어진다는 뜻이죠. 바로 욕심쟁이 영감님처럼 말이에요. 남을 속이려는 꾀는 부메랑처럼 돌아와 결국 나 자신을 곤란하게 한답니다.

 교과서 수록

더위를 먹다

햇볕이 쨍쨍 내리쬐고 땅에서는 뜨거운 기운이 훅~ 올라오는 여름날. 운동장에 나가서 농구를 하고 싶다고 했더니 선생님이 이런 날 움직이면 더위 먹어서 안 된대요. 아니, 더위는 음식이 아닌데 왜 먹는다는 거죠?

'먹다'에는 어떤 것 때문에 제 기능을 하지 못하게 된다는 뜻이 있어요. 그래서 **더위 때문에 몸이 제 기능을 하지 못하고 아플 때** '더위를 먹었다'고 말해요.

🔵비 더위가 들다

 교과서 수록

팔소매를 걷다

"오늘 저녁에 스파게티 만들어 줄까?" 엄마가 오랜만에 실력 발휘를 하시려나 봐요. 팔소매부터 둘둘 말아 올리고 음식 만들 준비를 하시네요. 그러고 보니 나도 청소를 할 때 팔소매부터 걷곤 해요.

이처럼 **일을 적극적으로 할 준비가 되었을 때** '팔소매를 걷다'라는 표현을 써요.

🔵비 팔을 걷어붙이다
🔴반 앉아서 보고만 있다

속이 끓다

동생이 울면 엄마는 나한테만 야단이세요. 동생이 먼저 까불어서 그런 것이지 난 잘못한 게 없는데 말이에요.
이렇게 억울한 일을 당할 때면 내 속에서 불이 난 것처럼 화가 부글부글 끓어올라요. 한마디로 속이 끓는 것이죠. 화가 나거나 억울한 일을 당해서 분한 마음이 치밀어 오를때 '속이 끓다'라고 해요.

이를 악물다

"자, 잠깐 따끔할 거니까 움직이지 마세요." 헉! 저렇게 큰 주삿바늘로 찌른다고요? 이럴 때는 누가 시키지 않아도 눈을 감고 이를 악물게 돼요. 아파도 참아야 하니까요.

신체적 고통뿐만 아니라 정신적으로 매우 힘든 상황을 견디거나 참아야 할 때도 똑같이 '이를 악물다'라는 말을 사용해요.

 이를 물다, 이를 깨물다, 어금니를 악물다, 입술을 깨물다

주먹을 불끈 쥐다
교과서 수록

"이야! 유진이 다리는 코끼리 다리?" 아빠의 장난 섞인 말 한마디에 기분이 확 상했어요. 그렇지 않아도 요즘 살이 쪄서 고민인데……. 이럴 때면 주먹을 불끈 쥐고 꼭 하는 다짐이 있지요. "이제부터 열심히 운동해서 살 뺄 거야!"

'주먹을 불끈 쥐다'는 주먹을 쥐며 마음을 굳게 먹고 결심한다는 뜻이에요. '그래! 결심했어!'라고 생각할 때 저절로 주먹을 꼭 쥐게 된답니다.

비 큰마음을 먹다

눈이 번쩍 뜨이다

"딩동~ 자장면이요!" 배달 아저씨가 문을 열자마자 태양이가 방에서 용수철처럼 튀어나왔어요. 태양이는 자장면이라면 자다가도 눈이 번쩍 뜨일 만큼 좋아한다니까요.

잠을 자려고 누웠다가 '아차! 내일 준비물 챙겼나?' 하고 무언가 생각나면 눈이 번쩍 떠지지요? 이처럼 눈이 번쩍 뜨이다는 정신이 갑자기 든다는 뜻으로 사용한답니다.

두말하면 잔소리

"오늘 간식은 선생님이 쏜다! 뭐가 제일 먹고 싶니?" 뭐가 제일 먹고 싶냐고요? 당연히 치킨이죠. 치느님이 진리라는 것은 두말하면 잔소리 아니겠어요?

'두말'은 이랬다저랬다 하는 말이나 덧붙이는 말을 뜻해요. '두말하면 잔소리'는 이러니저러니 불평을 하거나 덧붙이는 말은 잔소리에 불과하다는 것이니 결국, 더 말할 필요 없이 맞다는 뜻이에요.

🔵 비 두말하면 숨차기, 두말하면 여담, 두말할 나위가 없다, 말할 것도 없다

🟣 성 일언지하(一言之下: 하나 일, 말씀 언, 어조사 지, 아래 하)
: 한마디 아래로는 딱 끊는다는 뜻으로, 한마디로 딱 잘라 말함을 뜻함

가슴을 펴다

"우리 반에서 운동 제일 잘하는 사람이 누구지?" 선생님의 질문에 친구들이 모두 저를 쳐다봤어요. 그러자 나도 모르게 허리를 세우고 가슴을 쭉 펴게 되더라고요. 공부는 몰라도 운동만큼은 자신 있으니까요. '가슴을 펴다'는 굽힐 것 없이 당당하다는 뜻이에요. 움츠렸던 가슴을 펴면 어깨도 저절로 펴지게 되니 '어깨를 펴다'도 같은 뜻이 되지요.

비 어깨를 펴다, 고개를 빳빳이 들다
반 어깨가 움츠러들다, 얼굴을 들지 못하다

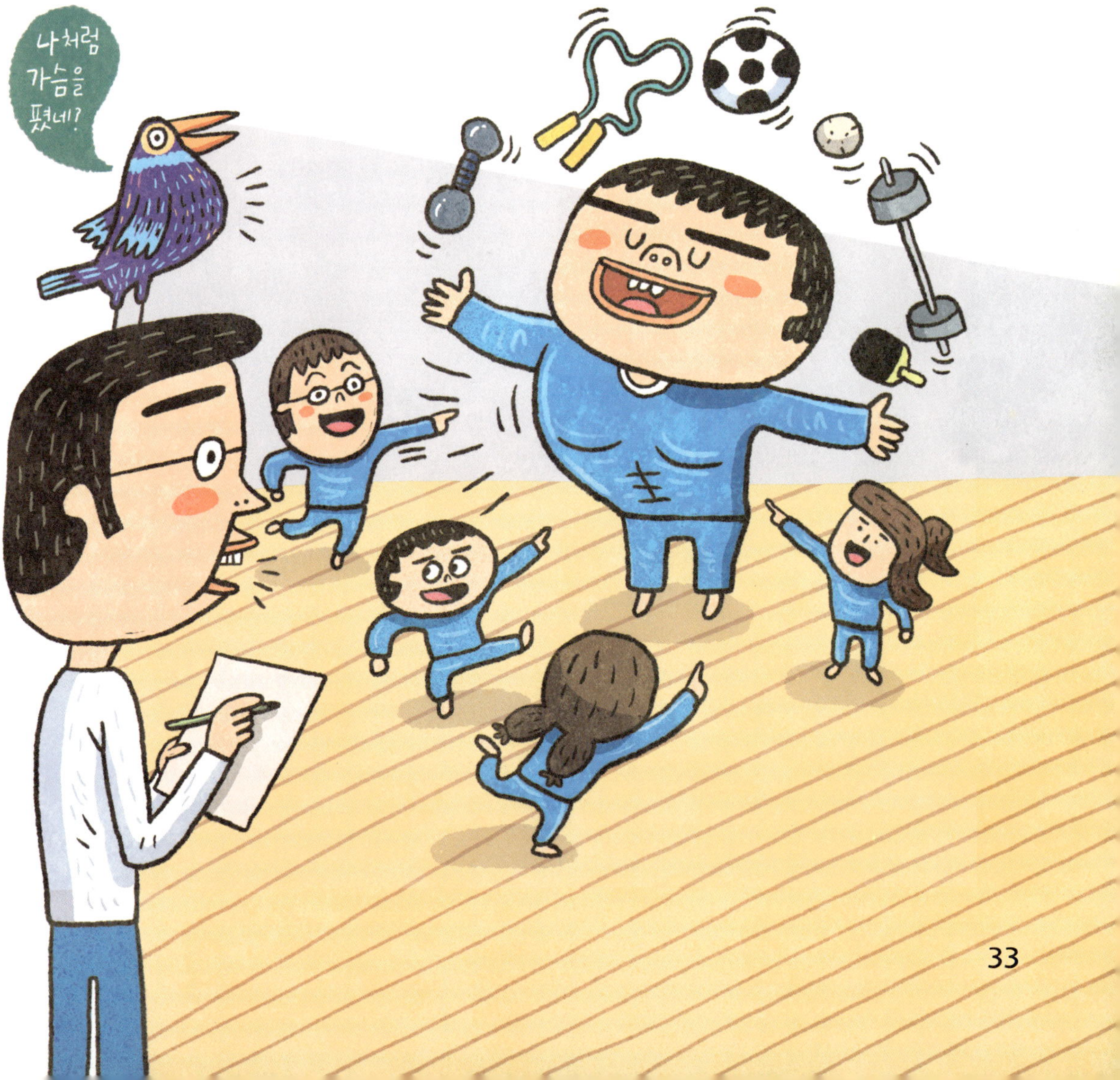

말문이 막히다

새 학년 첫 영어 시간, 담임선생님께 그동안 갈고닦은 영어 실력을 마음껏 보여 주고 싶었는데…. 이런! 파란 눈의 영어 전담 선생님이 들어오시지 뭐예요? 말문이 막혀서 그 쉬운 '헬로우'도 못 했다니까요. 말이 나오는 문이 어디일까요? 당연히 입이지요. 그러니까 **당황해서 말이 입 밖으로 나오지 않는 것**을 두고 '말문이 막히다'라고 해요.

비 입이 떨어지지 않다, 입이 얼어붙다
반 말문이 열리다

엎지른 물

옛날에 강태공이라는 사람이 살았어요. 그의 아내는 능력 없는 강태공을 두고 떠나 버렸지요. 그런데 후에 강태공이 높은 벼슬자리에 오르자 부인이 다시 되돌아왔어요. 강태공은 부인 앞에 물을 쏟아 놓고 "엎지른 물을 주워 담을 수 있으면 다시 아내로 받아 주겠소."라고 했대요. 하지만 이미 엎질러진 물을 주워 담을 수 없잖아요. 그러니 결국 다시 바로잡거나 되돌릴 수 없다는 뜻이었죠. 속담에서는 "쏟아진 물"이라고 표현하고 관용어로는 '엎지른 물'이라고 하는데 둘 다 같은 의미예요.

속 쏘아 놓은 (화)살이요 엎지른 물이다, 한번 엎지른 물은 다시 주워 담지 못한다, 쏟아진 물

성 **사후약방문**(死後藥方文: 죽을 **사**, 뒤 **후**, 약 **약**, 모 **방**, 글월 **문**)
: 죽은 뒤에 약방문(처방전)을 쓴다는 뜻으로, 때가 지난 후에 대책을 세우는 것은 소용없다는 말

발이 손이 되도록 빌다

"김우빈! 너, 오늘 학교에서 무슨 일을 저지른 거야?" 아이코, 점심시간에 야구 경기를 하다가 유리창 깬 일을 엄마가 아셨나 봐요. 얼른 발이 손이 되도록 빌어야겠어요.

손만으로 부족하여 발까지 동원할 정도로 빌어야 할 때 '발이 손이 되도록 빌다'라는 표현을 써요. 속담에서는 "손이 발이 되도록 빌다"라고 하지요. 손과 발의 순서는 바뀌었지만, 뜻은 비슷하답니다.

비 손이 닳도록, 손이야 발이야, 코가 땅에 닿도록
속 손이 발이 되도록 빌다

교과서 수록

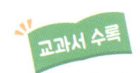

입을 모으다

내 동생은 어디를 가도 인사 하나는 씩씩하게 잘해요. 모르는 동네 어른들께도 쪼르르 달려가 "안녕하세요!" 하고 인사를 하지요. 그럴 때마다 사람들은 싹싹하고 예의 바르다며 입을 모아 칭찬하세요.

'입을 모으다'에서 '입'은 사람이 하는 말이나 의견을 뜻해요. 그러니까 **여러 사람이 같은 의견을 말하는 것**을 '입을 모으다'라고 하지요.

비 **한목소리로**

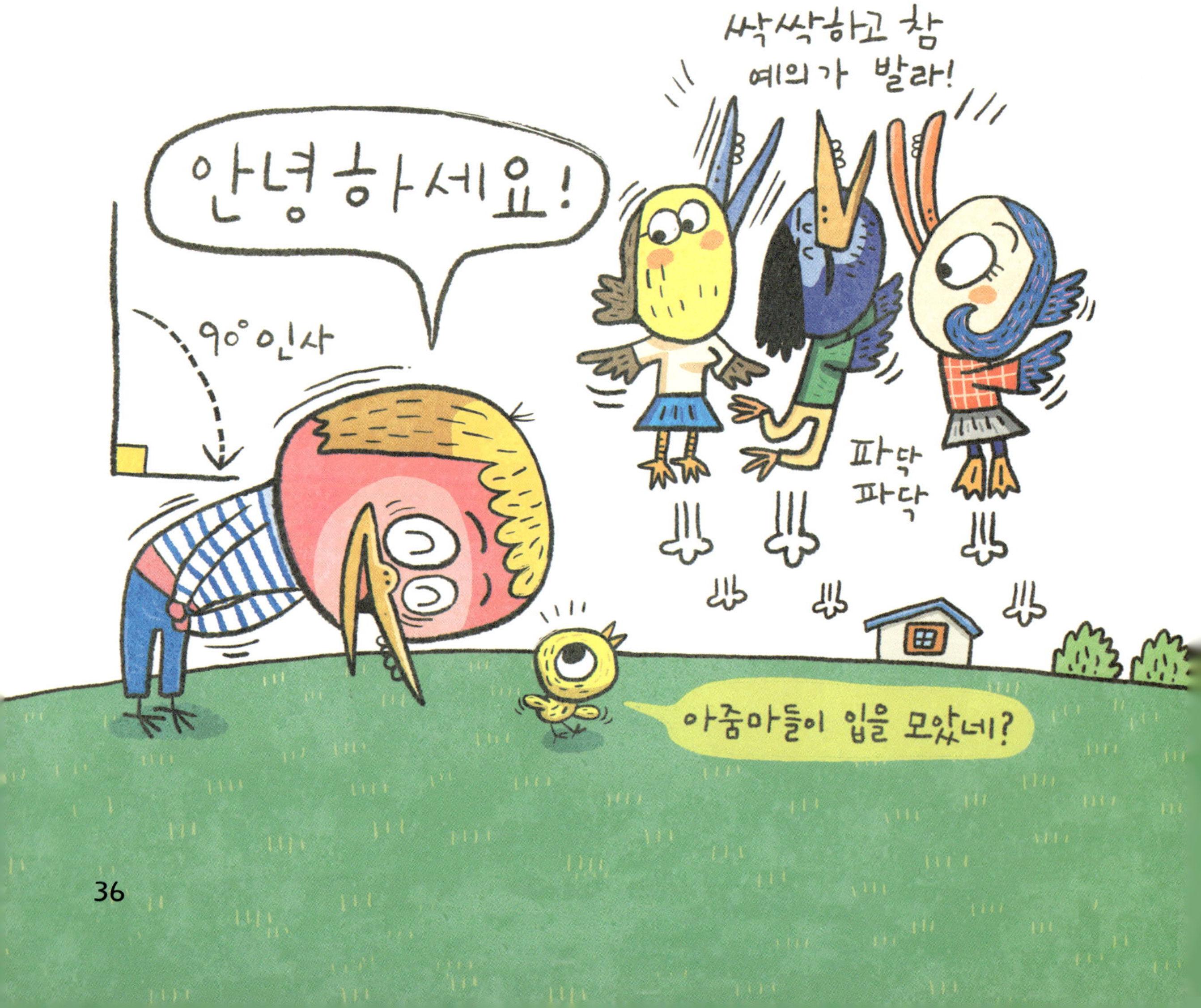

얼굴을 들다

"우리 아들이 달리기 대회에서 1등 했잖아요. 호호호." 누가 들으면 전교 1등인 줄 알겠지만 사실 반에서 어쩌다 한 번 달리기로 1등 한 건데, 엄마가 만나는 사람마다 자랑을 늘어놓는 바람에 부끄러워서 얼굴을 들 수가 없어요.

'얼굴을 들다'는 **당당하고 떳떳하다**는 뜻이에요. 반대로 창피하고 떳떳하지 못할 때는 '얼굴을 들지 못하다'라고 하지요.

비 고개를 들다, 낯을 들다
반 얼굴을 들지 못하다

멸치 대왕의 꿈

작품 속 관용어
속이 시원하다 | 눈 밖에 나다 | 발을 빼다 | 머리를 숙이다
서쪽에서 해가 뜨다 | 입이 귀밑까지 찢어지다 | 어깨가 올라가다
목에 힘을 주다 | 귀 기울이다 | 말문을 열다 | 눈이 뒤집히다 | 허리를 잡다

깊고 깊은 동해에 천 년 묵은 멸치 대왕이 살고 있었어요. 하루는 멸치 대왕이 낮잠을 자다가 이상한 꿈을 꾸었지 뭐예요? 멸치 대왕이 하늘 위로 휙 올라갔다가 땅으로 툭 떨어지더니 흰 구름이 뭉게뭉게 피어오르는 곳 위에 앉아 있는 거예요. 그러다 갑자기 하얀 눈이 펄펄 내리더니 뜨끈뜨끈 더웠다가 오들오들 추웠다가 하는 꿈이었지요.

"여봐라! 누가 속 시원히 꿈풀이 좀 해 보아라!"

멸치 대왕이 바다의 모든 신하를 불러 모아 꿈풀이를 부탁했어요. 하지만 누구도 선뜻 나서지 못했어요. 잘못했다가는 멸치 대왕 눈 밖에

날 게 뻔하니까요. 물고기들은 하나같이 발을 빼고 모르는 척했어요.

그때, 아부 잘하는 망둥이가 대뜸 머리를 숙여 큰절을 올렸어요.

"축하드립니다, 대왕님! 곧 용이 되실 꿈이옵니다!"

망둥이의 말에 모두 어리둥절한 얼굴을 했어요. 멸치가 갑자기 용이 되는 것은 서쪽에서 해가 뜰 일이니까요.

오직 멸치 대왕만이 입이 귀밑까지 찢어졌어요.

"용이라고? 내가 용이 된다는 말이냐?"

"예, 용이 되어 하늘로 올라갔다 내려왔다 하는 꿈이지요. 용은 원래 구름 위로 날아다니니 흰 구름 위에 앉아 있는 것입니다."

"그러면 하얀 눈이 펄펄 내리고 더웠다가 추웠다가 하는 것은 무엇이냐?"

"그것은 용이 되어 하늘에서 눈을 내리게 하고 덥고 추운 날씨도 마음대로 다스리게 된다는 것이옵니다."

망둥이의 그럴듯한 꿈풀이에 멸치 대왕은 저절로 어깨가 올라갔어요. 멸치 대왕은 벌써 용이라도 된 듯 목에 잔뜩 힘을 주었지요.

"허허, 망둥이가 참으로 똑똑하구나. 여봐라, 꿈풀이를 잘한 망둥이에게 큰 상을 내리도록 해라."

멸치 대왕의 말에 망둥이 입이 헤벌쭉 벌어졌어요.

그런데 이때, 가만히 귀 기울여 듣던 가자미가 조심스레 말문을 열었어요.

"대왕마마, 제 꿈풀이는 좀 다르옵니다."

가자미가 머뭇머뭇 나서더니 공손히 허리를 숙이며 말했어요.

"제가 생각하기에는 변을 당하실 꿈이오니 몸을 각별히 조심하시는 것이 좋을 듯합니다."

"무엇이라?"

멸치 대왕이 인상을 팍 쓰며 가자미를 쏘아봤어요.

"변을 당하다니! 도대체 무슨 까닭으로 그런 말을 하는 것이냐?"

"하늘로 휙 올라갔다가 땅으로 툭 떨어지는 것은 낚싯바늘에 걸려 올라갔다가 떨어지는 것이옵니다. 흰 구름이 뭉게뭉게 피어나는 것은 숯불에 구워질 때 나는 연기이고, 하얀 눈이 펄펄 내리는 것은 소금이 눈처럼 뿌려지는 것이지요."

멸치 대왕은 화가 나서 코를 벌름거렸어요. 하지만 눈치 없는 가자미는 그것도 모르고 계속 말을 이었죠.

"마지막으로 더웠다가 추웠다가 하는 것은 잘 익으라고 이리 뒤집고 저리 뒤집는 것이니, 이 꿈은 분명히 멸치 대왕님이 낚싯바늘에 걸려 멸치구이가 된다는 뜻입니다."

가자미의 꿈풀이를 듣고 물고기들이 고개를 끄덕였어요. 망둥이와 멸치 대왕만 빼고 말이에요.

바로 그때였어요.

"그걸 지금 꿈풀이라고 하는 것이냐?"

"철썩!"

화가 나서 눈이 뒤집힌 멸치 대왕이 가자미의 뺨을 사정없이 후려쳤어요. 어찌나 세게 쳤는지 가자미의 눈이 한쪽으로 몰려 버렸죠. 그러자 꼴뚜기는 겁이 나서 얼른 눈을 허리춤에 붙였어요. 깜짝 놀란 망둥이는 눈이 툭 튀어나왔고요. 병어는 그 모습을 보고 킥킥 터져 나오는 웃음을 참느라 입을 바짝 오므렸고 새우는 허리를 잡고 웃어 대다가 그만 등이 꼬부라져 버렸대요.

바다에 사는 가자미, 꼴뚜기, 망둥이, 병어, 새우는 지금도 그때 변한 그 모습으로 살고 있답니다. 참! 멸치 대왕은 어떻게 되었을까요? 조심하라는 가자미의 말에 불같이 화를 내고, 듣기 좋은 말만 들었던 멸치 대왕. 우리 집 냉장고에 있는 멸치가 혹시 그 멸치 대왕은 아닐까요?

속이 시원하다

놀부는 정말 못된 짓만 골라서 해요. 책을 읽는 내내 어찌나 화가 나던지요. 그런데 마지막에 도깨비들이 나타나서 놀부를 방망이로 혼내 주지 뭐예요? 사이다를 먹고 트림을 한 것처럼 속이 다 시원하더라고요.

마음을 억누르던 힘든 일이 해결되면 막혔던 속이 뻥 뚫린 것처럼 시원할 때가 있어요. 이처럼 '속이 시원하다'는 바라던 좋은 일이 생겨 마음이 상쾌해지는 것을 말해요.

비 가슴이 후련하다, 속이 후련하다, 속이 뚫리다
반 가슴이 답답하다, 속이 답답하다

눈 밖에 나다

새 학기 첫날, 아차차! 교과서를 안 챙겨 왔어요. 그런 데다 수업 시간에 떠들고 복도에서 뛰다가 혼나기까지 했으니 선생님 눈 밖에 나는 건 시간문제! 앞으로 일 년이 무척 힘들 것 같아요.

여기서 '눈'은 사람들의 눈길, 사람들의 관심을 의미해요. 그러니까 '눈 밖에 나다'는 신뢰를 잃고 관심 밖으로 밀려나 미움을 받게 되었다는 뜻이 되는 거예요.

비 눈에 나다
반 마음에 들다, 눈에 들다

발을 빼다

"엄마! 우리도 '밀림의 법칙' 보게 해 주세요!" "뭐? 밤늦게까지 텔레비전을 보겠다고? 너희 숙제는 다 한 거야?" 엄마의 날 선 목소리에 언니는 어느새 발을 쏙 빼고 방으로 사라져 버린 것 있죠? 함께 말하자고 하더니, 배신자!

어떤 일을 하다가 발을 빼면 어떻게 될까요? 몸도 저절로 빠져나오겠죠? '발을 빼다'는 <mark>하던 일에서 관계를 완전히 끊고 물러나는 경우</mark>를 말해요. 이 관용어를 명사형으로 바꾸면 '발뺌'이라는 단어가 된답니다.

비 발을 씻다
반 발 벗고 나서다

머리를 숙이다

5월 8일은 어버이날이지요? 낳아 주시고 길러 주신 부모님께 머리를 숙여 감사인사를 해 보세요. 존경의 마음으로 빨간 카네이션을 가슴에 달아 드리는 것도 좋고요. 마음속으로 존경을 표할 때 '머리를 숙이다'라고 해요. 또 아쉬운 쪽이 굴복하거나 저자세를 보일 때도 '머리를 숙이다'라고 말해요.

🄱 머리를 굽히다, 허리를 굽히다

서쪽에서 해가 뜨다

"엄마, 안녕히 주무셨어요?" 모처럼 아침 일찍 일어났더니 온 가족이 호들갑을 떨어요. 내가 이렇게 일찍 일어난 것을 보니 오늘은 해가 서쪽에서 떴을 거라나요?
해가 서쪽에서 뜨는 일은 절대 일어날 수 없어요. 해는 항상 동쪽에서 뜨지요. 그 이유는 과학 시간에 알게 될 거예요. 아무튼, 해가 서쪽에서 뜬다는 것은 전혀 예상 밖의 일이나 절대로 있을 수 없는 일을 말하는 것이랍니다.

입이 귀밑까지 찢어지다

엄마의 생신날, 즉석 미역국으로 아침을 차려드렸는데 정말 좋아하시더라고요. 무엇보다 "여보, 생일 선물이야." 하며 아빠가 내민 두툼한 봉투에 엄마 입이 귀밑까지 찢어졌어요.

아주 활짝 웃으면 입꼬리가 쭉 올라가면서 거짓말 조금 보태 귀밑까지 찢어지죠? 이처럼 '입이 귀밑까지 찢어지다'는 기쁘거나 즐거워 입을 크게 벌리며 웃는 것을 과장되게 표현한 말이에요.

비 입이 귀에 걸리다, 입이 찢어지다, 입이 가로 터지다

성 **파안대소**(破顔大笑: 깨뜨릴 파, 얼굴 안, 큰 대, 웃음 소)
 : 얼굴이 찢어질 정도로 한바탕 크게 웃음

어깨가 올라가다

"얘들아, 독후감을 쓸 때는 이렇게 자기의 생각이나 느낌까지 써야 하는 거야." 선생님이 내 독후감을 보여 주며 칭찬해 주셨어요. 친구들까지 "오~" 하며 치켜세우니 나도 모르게 가슴이 활짝 펴지면서 어깨가 으쓱 올라가더라고요. 이렇게 <mark>칭찬을 받아 어깨가 으쓱해지는 것</mark>을 '어깨가 올라가다'라고 해요.

🔵 비 어깨를 으쓱거리다
🔴 반 어깨가 처지다, 어깨가 늘어지다

목에 힘을 주다

전교 회장으로 뽑아 주면 학생들을 위해 열심히 봉사한다고 하더니 막상 회장이 되고 나니까 어찌나 목에 힘을 주는지. 자기가 교장 선생님이라도 된 줄 알더라고요.

목에 힘을 주면 허리가 쭉 펴지면서 고개를 똑바로 쳐들게 되지요. 어때요? 그러면 좀 거만해 보이지 않나요? 목에 힘을 빼고 고개를 살짝 숙이면 겸손해 보이는데, 목에 잔뜩 힘을 주면 <mark>거드름을 피우거나 남을 깔보는 것</mark>처럼 보인답니다.

교과서 수록

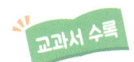

귀 기울이다

"야! 좀 조용히 해!" 언니는 텔레비전에서 아이돌 얘기만 나오면 하던 일도 멈추고 귀를 기울여요. 그러다가 잘 들리지 않으면 몸까지 기울여 가며 집중하지요. 아주 텔레비전으로 들어갈 기세라니까요.

몸 중에서도 귀는 이야기를 듣는 일을 해요. 그래서 **남의 이야기를 듣거나 의견에 관심을 가질 때** '귀를 기울이다'라는 표현을 사용하지요.

비 **귀를 재다**

반 **귓등으로 듣다**

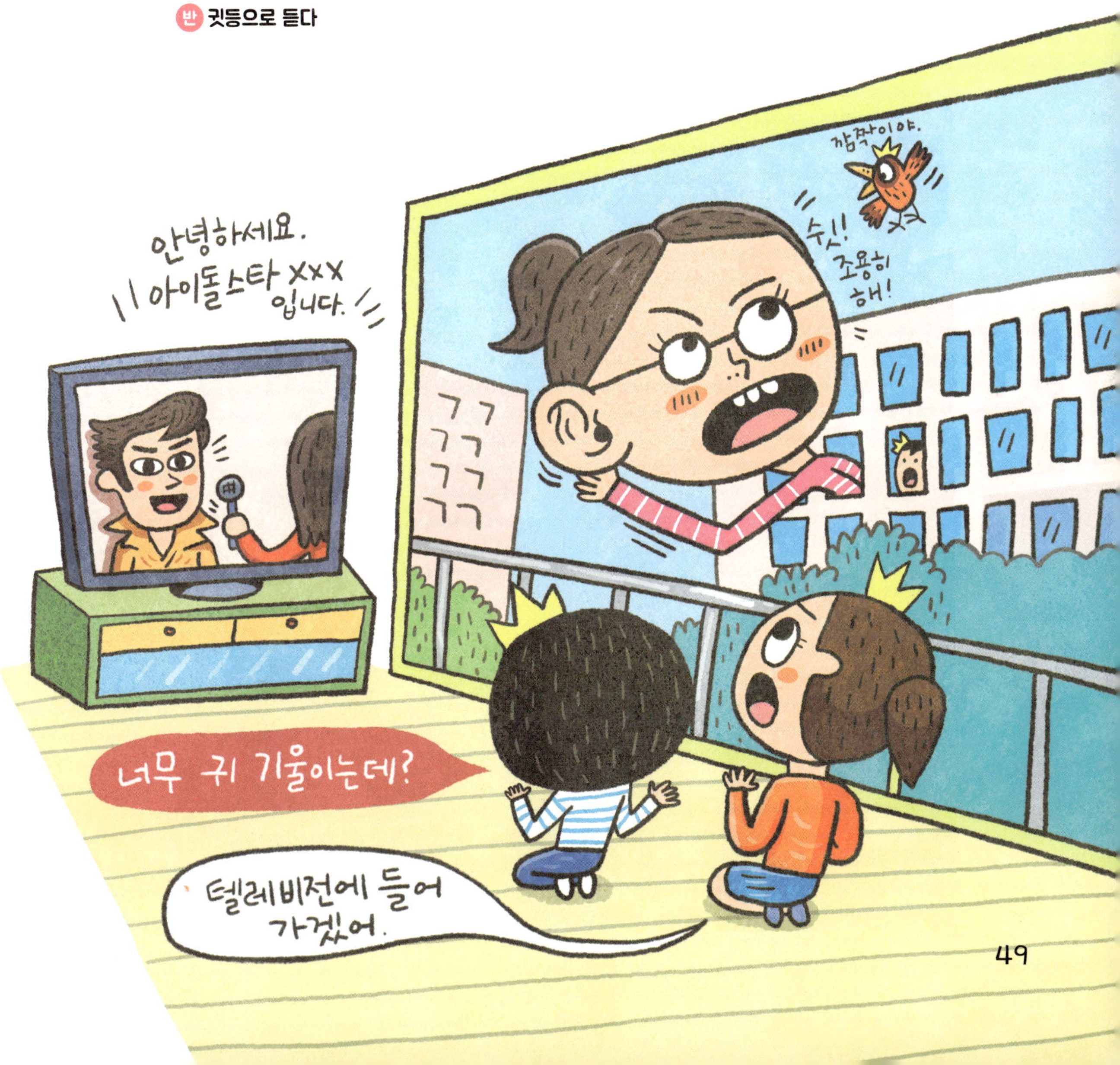

말문을 열다

친구와 싸우다가 딱 걸린 경수, 선생님께서 혼낼 때는 입을 꾹 다물고 아무 말도 안 하더니 "많이 속상하지? 무슨 일 때문에 싸운 거니?" 하고 부드럽게 타이르니 그제야 말문을 여네요. 앞에서 말문은 입이라고 했잖아요? 그러니까 '말문을 연다'는 것은 굳게 닫혔던 입을 열어 말을 시작했다는 뜻이지요.

비 말문이 떨어지다
반 말문이 막히다

눈이 뒤집히다

"준선아, 미안해. 그때는 내가 너무 화가 나서 눈이 뒤집혔었나 봐." 싸움을 말리던 나까지 밀치고 화내서 미안하다며 현우가 사과를 하네요. 어쩌겠어요, 이럴 때는 바다처럼 넓은 마음을 가진 내가 용서해야죠.
눈이 획 뒤집히면 어떻게 될까요? 제대로 보고 판단할 수 없게 되겠죠? '눈이 뒤집히다'는 충격적인 일을 겪어 제정신을 잃다는 뜻이에요.

비 눈알이 뒤집히다, 눈이 까뒤집히다, 눈에 보이는 것이 없다

허리를 잡다

과학 선생님께서 지난 시간에 배운 것을 물어보셨어요. "곤충을 세 부분으로 나누면 어떻게 되지?" 그러자 장난꾸러기 현수가 벌떡 일어났어요. "죽습니다!" 현수 덕분에 모두 허리를 잡고 웃었다니까요. <mark>웃음을 참을 수 없어 고꾸라질 듯이 마구 웃어 대다</mark> 보면 옆구리가 당기면서 허리까지 아파요. 그래서 나도 모르게 허리를 잡고 웃게 되지요. 그런 모습을 떠올리면 '허리를 잡다'의 뜻을 이해할 수 있을 거예요.

🔵 비 허리가 끊어지다, 배꼽을 빼다, 배꼽을 잡다, 배꼽을 쥐다

바리데기 공주

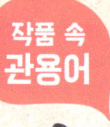
작품 속 관용어

가슴이 무너져 내리다 | 자리에 눕다 | 입김이 어리다 | 귀를 의심하다
눈물이 앞을 가리다 | 면목이 없다 | 목숨을 바치다 | 뼈를 깎다
어금니를 악물다 | 숨을 거두다 | 눈앞이 캄캄하다 | 눈이 등잔만 하다
자리를 털고 일어나다

"신이시여, 딸만 여섯입니다. 꼭 대를 이을 왕자를 낳게 해 주소서."
오구 대왕과 왕비는 아침저녁으로 정성을 다해 빌고 또 빌었어요. 꼭 아들일 것이라는 기대를 걸고 말이죠. 그런데 이번에도 그만 딸을 낳았어요. 오구 대왕은 아이를 거들떠보지도 않고 불같이 화를 냈어요.
"또 공주란 말이냐? 딸은 보기도 싫다! 당장 갖다 버리도록 해라!"
왕비는 가슴이 무너져 내렸지만 명령을 따를 수밖에 없었지요.
왕비는 공주에게 '바리데기'라는 이름을 지어 주고 옥으로 만든 상자에 담아 강물에 띄워 보냈어요.

세월이 흐르고 흘러 열다섯 해가 지난 어느 날, 오구 대왕은 이유 없이 시름시름 앓다가 그만 자리에 눕고 말았어요. 점쟁이는 오구 대왕의 병을 낫게 하려면 서천 약수를 구해다 먹어야 한다고 했어요.

"누가 서천에 가서 약수를 구해 오겠느냐?"

"서천은 죽은 사람만 갈 수 있다는데 어찌 가란 말씀입니까?"

금이야 옥이야 길러 왕비의 입김이 어려 있는 여섯 공주조차 왕비의 물음에 고개를 흔들었죠. 왕비가 슬픔에 빠져 자리에 주저앉자 점쟁이가 조용히 다가와서 말했어요.

"제가 본 점에 의하면 바리데기 공주가 살아 계십니다. 혹시 바리데기 공주라면 서천 약수를 구해 올 수 있을지 모르니 어서 공주를 찾아보십시오."

왕비는 자신의 귀를 의심했어요. 버려진 공주가 살아 있다니 믿을 수가 없었거든요. 왕비는 당장 온 나라를 뒤졌어요. 다행히 바리데기는 마음씨 착한 할아버지, 할머니 품에서 고이고이 자라고 있었지요.

"네가 죽지 않고 살아 있었구나!"

왕비는 눈물이 앞을 가려 한참 동안 말을 잇지 못했어요.

"너에게 면목이 없다만 아버지를 위해 서천 약수를 구해 줄 수 있겠느냐?"

바리데기는 왕비의 간절한 부탁을 차마 거절할 수 없었어요.

"부모님이 저를 버린 것은 원망스럽지만 제가 세상에 태어난 것은 부모님 덕분이란 것을 압니다. 그러니 이 목숨을 바쳐서라도 꼭 약수를 구해 오겠습니다."

바리데기는 머리를 질끈 묶고 지팡이 하나에 의지한 채 길을 떠났어요. 높은 산을 넘고, 깊은 강을 건너며 서천을 찾아 사방을 헤맸지요. 뼈를 깎는 듯한 고통에 매일매일 눈물을 흘렸지만, 바리데기는 어금니를 악물고 버텼어요.

그러던 어느 날, 바리데기는 커다란 동굴 앞을 지키고 있는 무장신선을 만났어요.

"저…. 서천으로 가려면 어디로 가야 합니까?"

"이곳이 서천이오. 하지만 산 사람은 갈 수 없는 곳이거늘 어째서 찾으시오?"

"아버님 병을 고치려면 서천 약수를 꼭 구해야만 합니다."

"그렇다면 약숫값으로 나무하기 3년, 물 긷기 3년, 불 때기 3년을 하며 나에게 일곱 아들을 낳아 주시오."

바리데기는 어쩔 수 없이 그러겠다고 약속했어요.

바리데기는 무장신선과 결혼해 9년을 살면서 일곱 아들을 낳아 주었어요. 무장신선은 약속대로 약수 있는 곳을 알려 주었지요.

바리데기는 어렵게 구한 약수를 소중하게 품고, 뛰는 듯 나는 듯 궁궐로 돌아왔어요. 하지만 오구 대왕은 이미 숨을 거둔 후였지요. 바리데기는 눈앞이 캄캄했어요.

"아차, 살살이꽃과 피살이꽃이 있었지!"

바리데기는 소중히 간직했던 꽃을 꺼내 오구 대왕의 몸에 갖다 대었어요. 그러자 정말 신기한 일이 벌어졌어요. 살살이꽃을 문지르니 썩었던 살이 되살아나고, 피살이꽃을 문지르니 얼굴에 생기가 돌지 뭐예요? 사람들의 입이 저절로 벌어지고 눈이 등잔만 해졌어요.

마지막으로 바리데기는 서천 약수를 오구 대왕 입에 흘려 넣었어요. 그러자 죽었던 오구 대왕이 자리를 털고 벌떡 일어났어요.

"바리데기야, 내가 네 덕에 다시 살아났구나! 너를 버렸던 아비를 용서해 다오."

오구 대왕과 왕비가 바리데기를 끌어안고 뜨거운 눈물을 흘렸어요. 바리데기도 기쁨의 눈물을 흘렸지요. 그 후로 바리데기는 부모님과 오래도록 행복하게 살았답니다.

바리데기는 자신을 버린 부모에게도 효도를 다했어요. 여러분은 어떤가요? 효도는커녕 짜증만 내고 있진 않나요? 효도라고 해서 꼭 바리데기처럼 큰 희생을 하라는 것은 아니에요. 부모님이 기뻐하는 일을 하는 것, 그것이 효도지요. 작은 일이나마 부모님이 기뻐하실 일이 무엇인지 찾아볼까요?

가슴이 무너져 내리다

노총각 삼촌이 프러포즈를 하겠다며 노란 장미를 한 아름 준비했어요. 헉! 그런데 이를 어쩌면 좋아요? 노란 장미의 꽃말은 이별이래요. 결국 삼촌의 프러포즈는 실패로 끝났지요. 내 마음이 이런데 삼촌의 가슴은 무너져 내릴 거예요.

'무너지다'라는 말은 주로 '가슴'이나 '마음'과 함께 쓰일 때 슬픈 일 때문에 마음의 안정을 잃고 절망하다는 뜻을 가져요.

비 가슴이 무너지다

자리에 눕다

"시골에 계신 아버님이 며칠째 자리에 누우셨다니 걱정이에요." 엄마가 한숨을 쉬며 말씀하셨어요. 그런데 자리에 눕는 것이 왜 걱정되는 일일까요? 자리에 누우면 편하고 좋던데 말이에요. 그냥 자리에 눕는 것은 쉴 때나 잠자리에 들 때 하는 행동이에요. 하지만 관용어로 쓰일 때는 병이 나서 기력을 잃고 누워 앓는다는 뜻이 돼요. 이제 왜 엄마가 걱정하시는지 이유를 알겠죠?

반 자리를 걷다, 자리를 털다

입김이 어리다

내 동생은 요즘 고무 딱지를 모으는 취미가 생겼어요. 꼬릿꼬릿 고무 냄새 나는 딱지를 보물단지처럼 모셔 놓고 자신의 입김이 어려 있는 것이라며 만지지도 못하게 해요.

소중한 물건은 매일매일 꺼내 보며 호~ 하고 입김을 불어 깨끗이 닦아 두곤 하지요. 이처럼 애지중지 다루던 정이 담겨 있다는 뜻으로 '입김이 어리다'라는 표현을 사용한답니다.

비 애지중지하다
속 금이야 옥이야

귀를 의심하다

"오. 마이. 갓!" 이게 웬일인가요? 상 타는 사람 이름을 부르는데 선생님이 내 이름을 부르시는 거예요. 나는 내 귀를 의심하며 "네? 저요?" 하고 몇 번이나 물었다니까요.

'귀를 의심하다'라는 말은 귀를 믿지 못한다는 말이 아니에요. 귀로 들은 소리를 의심한다는 것이죠. ==믿기 어려운 이야기를 들어 잘못 들은 것이 아닌가 생각할 때== '귀를 의심하다'라고 해요.

눈물이 앞을 가리다

"어머? 너 우니?" "아니야, 하품해서 눈물이 나온 것뿐이야!" 슬픈 영화 때문에 눈물이 앞을 가리는데 옆에 있는 지현이가 자꾸 쳐다봐서 민망했어요. 괜히 말도 안 되는 이유만 늘어놨네요.

눈물이 자꾸 나와서 눈앞을 가려 잘 보이지 않을 때가 있어요. 이런 모습을 보고 '눈물이 앞을 가린다'고 표현한 거예요. 참 시적이고 멋진 표현 아닌가요?

비 눈물이 나다, 눈시울이 뜨거워지다, 눈물이 핑 돌다

면목이 없다

"쨍그랑!" 야구를 하다가 그만 옆집 할머니의 장독대를 또 깨고 말았어요. 벌써 두 번째라 엄마는 할머니께 면목이 없다며 사과를 하셨어요. 그런데 면목? 그게 뭔데 없다고 하시는 걸까요?

'면목'은 얼굴 면(面), 눈 목(目)으로 이루어진 한자어예요. 얼굴의 생김새나 사람의 겉모습을 의미하지요. '면목이 없다'는 것은 얼굴이 사라질 만큼 부끄러워 차마 상대방의 얼굴을 볼 용기가 없다는 뜻이에요.

반 면목이 서다

목숨을 바치다

유관순, 이봉창, 안중근. 이분들은 일본이 우리나라를 강제로 점령하고 있던 일제 강점기에 나라의 독립을 위해 용감하게 목숨을 바쳤던 분들이에요.

'바치다'라는 말에는 모든 것을 아낌없이 내놓는다는 뜻이 있어요. 김밥 할머니가 전 재산을 기부금으로 내놓을 때도 '평생을 바쳐 모은 재산'이라고 하지요. 그러니까 '목숨을 바치다'는 목숨까지 아낌없이 줄 정도로 최선을 다한다는 뜻이랍니다.

비 목숨을 걸다

뼈를 깎다

"나도 김연아 선수처럼 세계적인 선수가 될 거야!"라고 내 꿈을 말했더니 그러려면 뼈를 깎는 노력을 해야만 한대요. 아니, 김연아 선수가 성형이라도 했다는 말인가요?

'뼈를 깎다'는 그런 뜻이 아니라 몹시 견디기 힘든 고통을 말해요. 생각해 보세요. 뼈에 조그마한 금만 가도 아픈데 뼈를 깎는다니 얼마나 견디기 힘들까요? 주로 '뼈를 깎는'이라는 형태로 사용되어 '뼈를 깎는 노력', '뼈를 깎는 고통'이라고 사용하지요.

🅱 살을 깎고 뼈를 갈다, 살을 깎다

어금니를 악물다

"누가 철봉에서 떨어지지 않고 오래 버티나 내기하자." "좋아!" 자신만만하게 말했지만 시작하자마자 얼굴이 부들부들 떨리고 팔이 아팠어요. 그래도 지지 않으려고 어금니를 악물고 버텼지요.

힘들거나 아플 때, 화가 나지만 겉으로 표현할 수 없을 때, 나도 모르게 입을 앙다물면서 어금니를 꽉 누르게 되지요. 그래서 '어금니를 악물다'는 어려움을 참다는 뜻도 있고, 나아가 이를 악물어 굳은 의지를 나타내다는 뜻도 있어요.

🔵 비 이를 악물다

숨을 거두다

충무공 이순신 장군의 이야기는 언제 들어도 멋있어요. 특히 '나의 죽음을 적들에게 알리지 마라'라고 하며 숨을 거두는 장면은 진짜 명장면이지요.

'숨'은 공기를 들이마시고 내쉬는 일을 말해요. 그런데 그 일을 멈추게 되면 어떻게 될까요? 당연히 죽는다고요? 맞아요. 그래서 '숨을 거두다'라는 말은 죽는 것을 의미해요. 숨과 함께 쓰여 죽음을 의미하는 관용어에는 '숨이 넘어가다', '숨을 놓다', '숨이 끊기다' 등이 있어요.

🔵 비 목숨을 거두다, 세상을 떠나다, 세상을 등지다, 잠들다

눈앞이 캄캄하다

1박 2일 해병대 캠프. 짐을 풀자마자 모험 활동이 시작됐어요. 첫 코스는 줄 하나에 매달려 건너편까지 가야 하는 하강! 그때는 정말 다리가 후들후들, 눈앞이 캄캄해지더라고요.

이런 경우처럼 아무 생각이 안 나고 정신이 멍해질 때가 있지요? 갑자기 닥친 일로 어찌할 바를 몰라 정신이 아득해질 때 '눈앞이 캄캄하다'라고 표현해요.

비 앞이 캄캄하다, 앞이 막막하다, 눈앞이 새까맣다
반 앞날이 훤하다, 눈앞이 환해지다

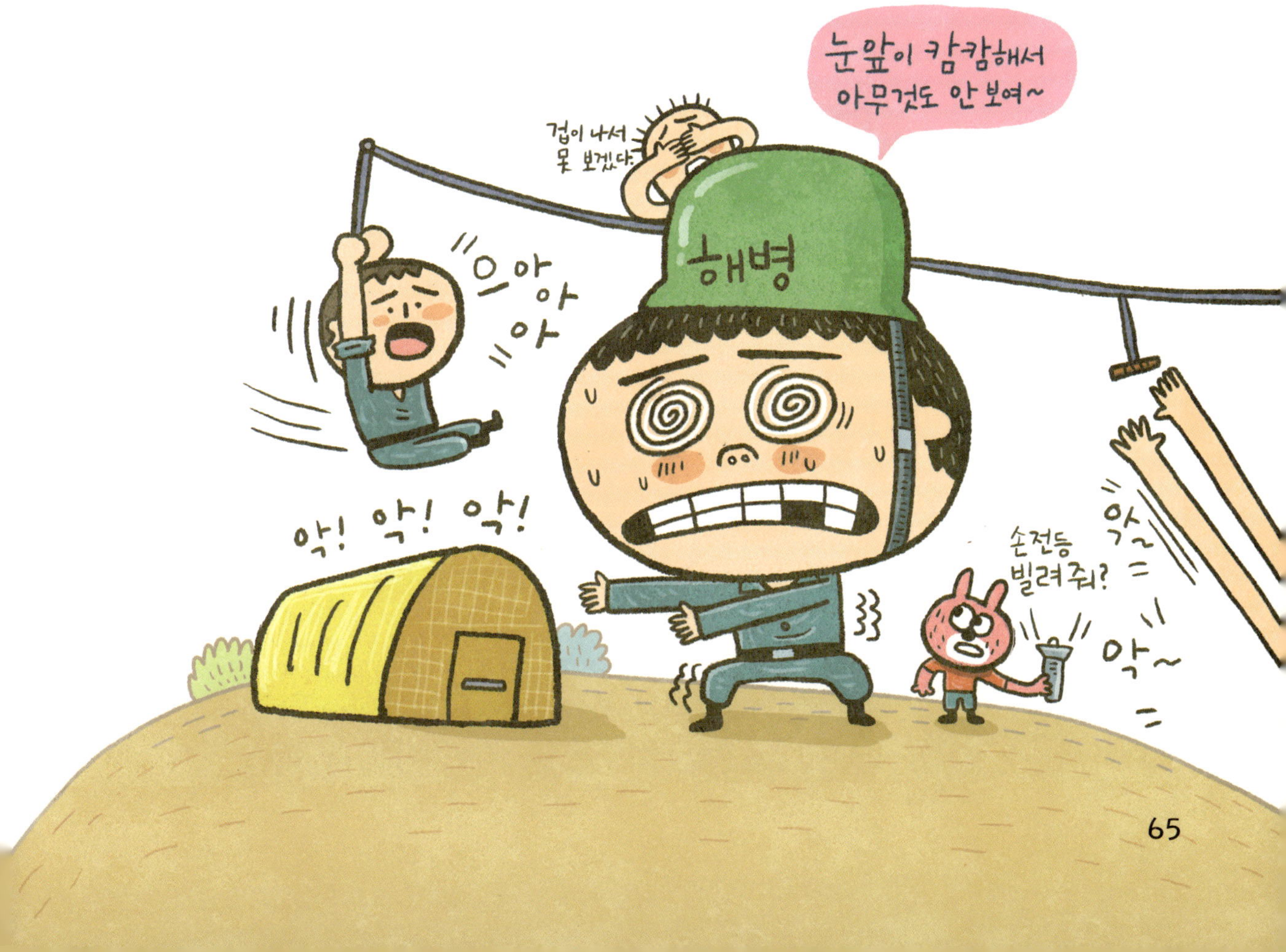

눈이 등잔만 하다

바로 내 앞에서 친구가 넘어지거나, 징그러운 벌레가 나타나면 눈이 어떻게 되나요? 한 세 배쯤 커지고 눈알이 곧 튀어나올 것 같지요? 그렇게 동그랗게 커진 눈을 보고 우리 조상들은 등잔이 떠올랐나 봐요. 놀라거나 두려워서 눈이 휘둥그레지고 커졌을 때 '눈이 등잔만 하다'고 표현한 것을 보면 말이에요. 참, 등잔이 뭐냐고요? '등잔'은 전깃불이 없던 시절 기름을 담아 불을 켜는 데에 쓰던 그릇이에요. 집에서 주로 사용하던 등잔은 주먹만 하게 생겼지요.

비 눈이 휘둥그레지다, 눈이 튀어나오다

자리를 털고 일어나다

"여보! 아버님이 자리를 털고 일어나셨대요. 정말 다행이지 뭐예요?" 엄마가 아빠를 보고 활짝 웃으며 하시는 말씀이에요. 가만! 아까 '자리에 눕다'는 병이 나서 앓아누웠다는 뜻이라고 했는데, 그러면 자리를 털고 일어난 것은 아파서 누워 있던 사람이 병이 나아서 일어났다는 뜻인가요? 맞아요. 여기서 '자리'는 아팠을 때 누우라고 깔아 놓은 자리를 말해요. 그것을 걷고 일어났으니 병이 다 나았다는 뜻이지요.

🔵 비 자리를 털다, 자리를 걷다

반쪽이

작품 속 관용어

깨가 쏟아지다 | 길이 바쁘다 | 걸음을 재촉하다 | 기를 쓰다 | 머리를 맞대다
눈을 의심하다 | 입이 딱 벌어지다 | 끝을 보다 | 눈 하나 깜짝 안 하다
눈독을 들이다 | 말을 바꾸어 타다 | 눈에 불을 켜다

조용한 시골, 외따로 떨어진 작은 집에 사이좋은 부부가 살고 있었어요. 둘 사이는 깨가 쏟아졌지만 늙도록 자식이 없어 걱정이었지요.

그러던 어느 날, 꿈속에 신령님이 나타나 우물 속 잉어 세 마리를 먹으면 아들을 낳을 것이라고 했어요. 꿈에서 깬 부인은 얼른 달려가 잉어 세 마리를 잡아 부뚜막에 올렸어요.

"신령님, 신령님. 제발 꼭 아들을 낳게 해 주십시오."

부인은 간절한 마음으로 빌고 또 빌었어요. 그때였어요. 난데없이 고양이가 달려들더니 잉어 한 마리를 물고 달아나 버리는 거예요. 깜짝

놀란 부인이 헐레벌떡 쫓아가 잉어를 뺏고 보니, 벌써 고양이가 반쪽을 먹어 버린 후였죠. 부인은 하는 수 없이 잉어 두 마리와 나머지 반쪽을 먹었어요.

그러고 얼마 후, 부인은 신령님 말대로 아들을 낳았어요. 그것도 삼 형제씩이나요. 그런데 두 아들은 멀쩡한데 막내는 눈도 하나, 귀도 하나, 팔도 하나, 다리도 하나. 모든 것이 반쪽이었지요. 그래서 이름도 '반쪽이'라고 했어요.

삼 형제는 무럭무럭 자라 과거를 보러 길을 나서게 되었어요.

"갈 길이 바쁘니 우리는 먼저 간다."

두 형은 반쪽이를 두고 먼저 집을 나서며 걸음을 재촉했어요. 반쪽이는 기를 쓰고 형들을 따라갔지요.

"아이, 창피해서 같이 다니기 싫은데 저 녀석은 왜 자꾸 따라오는 거야?"

"형님, 저 녀석을 나무에 묶어 두고 갑시다."

형들은 머리를 맞대고 생각한 끝에 반쪽이를 커다란 나무에 꽁꽁 묶어 두었어요. 하지만 반쪽이가 '끙' 하고 힘을 한 번 주자 나무가 뿌리째 쑥 뽑혔죠. 반쪽이는 나무를 내려놓고 부랴부랴 형들을 쫓아갔어요. 형들은 한 발로 쿵쿵 달려오는 반쪽이를 보며 자기 눈을 의심했어요.

"힘이 장사인가 보군. 아무리 그래도 바위에 묶어 두면 못 따라오겠지."

형들은 반쪽이를 집채만 한 바위에 꽁꽁 묶어 두었어요. 하지만 반쪽이가 '끙' 하고 힘을 한 번 주자 바위가 기우뚱 넘어갔죠. 반쪽이는 바위를 내려놓고 형들을 쫓아갔어요. 형들은 저만치서 한 발로 쿵쿵 달려오는 반쪽이를 보고 입이 딱 벌어졌어요.

"안 되겠군. 이번에는 정말 끝을 봐야지!"

형들은 반쪽이의 손과 발을 칡넝쿨로 칭칭 동여매고 호랑이 굴에 던져 버렸어요.

잠시 후, 호랑이가 사람 냄새를 맡고 한 마리, 두 마리 어슬렁어슬렁 모여들었어요. 하지만 반쪽이는 눈 하나 깜짝 않고 '끙' 하고 칡넝쿨을 끊어 버리더니 굴속에 살고 있던 호랑이들을 모두 때려잡았지요.

반쪽이는 호랑이 가죽을 벗겨 어깨에 메고 마을로 내려갔어요. 마을에는 욕심 많은 부자 영감이 살았는데 반쪽이가 들고 있는 호랑이 가죽을 보자마자 눈독을 들였어요.

"자네, 나와 내기 장기를 두겠나? 내가 이기면 그 호랑이 가죽을 주게. 자네가 이기면 내 딸을 주지."

부자 영감이 능글맞은 너구리처럼 반쪽이를 살살 구슬렸어요. 반쪽이가 힘은 세도 어리숙할 거라고 생각했거든요. 그런데 이게 웬일이래요? 반쪽이가 장기 세 판을 내리 이겼어요.

"겨우 장기 세 판에 자기 자식을 내주는 부모가 어디 있겠나? 이 일은 없던 걸로 하세."

부자 영감은 고개를 팩 돌리고 앉아 말을 바꾸어 타더니 반쪽이를 쫓아 버렸어요.

"어르신! 그래도 약속은 약속이니 곧 따님을 데리러 오겠습니다."

반쪽이는 대문 앞에서 큰소리를 떵떵 치고 돌아섰어요.

부자 영감은 그 날부터 개미 새끼 한 마리도 들어오지 못하게 눈에 불을 켜고 집안 곳곳을 지켰어요.

며칠 후, 반쪽이는 떡시루와 유황, 벼룩을 준비해 몰래 부잣집으로 들어갔어요. 달도 뜨지 않은 캄캄한 밤중이라 모두 곤히 잠들어 있었죠. 반쪽이는 대문 앞에서 쪼그리고 잠든 하인의 머리에 떡시루를 씌웠어요. 살금살금 주인 영감 방에 들어가 수염에 유황도 발라 두었죠. 그리고 딸 방에 벼룩이 든 주머니를 문틈으로 살짝 던져 넣었어요.

"앗, 따가워!"

잠들었던 딸이 벼룩에 물려 온몸을 긁으며 밖으로 뛰쳐나왔어요. 반쪽이는 기다렸다는 듯 딸을 등에 업고 대문 밖으로 냅다 뛰었어요.

"어르신! 이 댁 따님은 제가 데려갑니다!"

반쪽이가 목청껏 소리 지르자 주인 영감이 벌떡 일어나 펄쩍 뛰었어요. 그러다 그만 유황 바른 수염이 촛불에 닿아 홀랑 타 버렸지요. 하인은 떡시루 때문에 앞이 보이지 않아 여기저기 쿵쿵 부딪혔고요.

반쪽이는 부잣집 딸을 업고 집으로 데려갔어요. 부잣집 딸은 얼결에 반쪽이에게 보쌈을 당했지만 힘세고 지혜로운 반쪽이가 싫지만은 않았어요. 결국, 반쪽이와 부잣집 딸은 결혼해서 알콩달콩 잘 살았대요.

반쪽이는 자신의 모습이 남들과 다르다고 해서 기죽지 않았어요. 형들이 무시해도 화를 내거나 원망하지 않았죠. 여러분도 어려움이 있다면 반쪽이처럼 씩씩하고 당당하게 세상에 맞서 보세요. 주변 상황에 흔들리지 않고 이겨 내는 힘이 생길 거예요.

깨가 쏟아지다

"당신이 싸 주니까 더 맛있네요!" "당신 요리 솜씨가 좋아서 그렇지! 하하." 저녁 밥상 앞에서 도대체 엄마 아빠는 왜 이러실까요? 결혼하신 지 15년이 지났는데도 여전히 두 분은 깨가 쏟아져요.

깨는 잘 익으면 살짝만 건드려도 우수수 떨어져요. 한 번만 툭 쳐도 오르르 쏟아져 깨를 터는 일은 아주 재미있지요. 그래서 몹시 아기자기하고 재미가 나다는 표현을 '깨가 쏟아지다'라고 해요. 특히 금슬이 좋은 부부에게 이런 표현을 사용하지요.

🅱 단꿈을 꾸다, 죽고 못 산다
🅡 진저리가 나다

길이 바쁘다

오랜만에 유치원 다닐 때 가장 친했던 친구를 만났어요. 반가운 마음에 떡볶이라도 같이 먹고 싶었는데 자기는 갈 길이 바쁘다며 먼저 가 버리지 뭐예요? 어찌나 아쉽던지. '길이 바쁘다'는 말은 ==빨리 가야 할 사정이 있어서 서둘러야 한다==는 뜻이에요. 급하게 어딘가를 가야 할 때 사용하는 표현이랍니다.

걸음을 재촉하다

"다 봤지? 빨리 저쪽으로 가자." "여기도 봤지? 어서! 어서!" 천천히 둘러보려고 했는데 자꾸 걸음을 재촉하는 바람에 제대로 구경하지도 못했지 뭐예요. '재촉하다'는 어떤 일을 빨리하도록 조르는 거예요. '걸음을 재촉하다'는 걸음을 더 빨리 걷도록 조르는 것이니 ==길을 갈 때 일찍 서둘러 가다==는 의미지요.

- 비 길을 재촉하다, 발걸음을 재촉하다
- 반 한숨 쉬어 가다

기를 쓰다

"넌 따라오지 마!" 친구 생일잔치에 가려는데 동생이 자꾸 따라오겠다며 고집을 부려요. 자기도 생일 케이크가 먹고 싶다는 거예요. 절대 안 된다고 해도 기를 쓰고 따라오는 것 있죠? 어휴, 누나 노릇은 정말 괴로워요.

'기'는 활동하는 데 쓰는 힘을 말해요. 그러니까 '기를 쓰다'는 말은 있는 힘을 다 쓴다는 뜻이에요.

비 몸부림을 치다, 발버둥을 치다, 비지땀을 흘리다, 안간힘을 쓰다, 용을 쓰다, 죽기 살기로

머리를 맞대다

큰일 났어요! 축구공이 나뭇가지에 단단히 걸려 내려올 생각을 안 해요. 어떻게 하면 공을 꺼낼 수 있을까 친구들과 머리를 맞대었어요. 그랬더니 나무를 흔들자, 돌멩이를 던지자, 나무를 타고 올라가자 등 여러 가지 의견이 나왔어요.

서로의 이야기를 잘 듣고 말하기 위해서는 머리를 가깝게 마주 대야 하잖아요? 그래서 '머리를 맞대다'는 <mark>어떤 일을 의논하거나 결정하기 위하여 서로 마주 대한다</mark>는 뜻이 있어요.

🔵 비 무릎을 맞대다, 얼굴을 맞대다, 이마를 맞대다, 머리를 모으다

와~
머리를 맞대고 공을 구하다니…

정말 머리를 맞대네.

77

교과서 수록

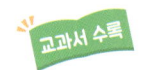

눈을 의심하다

"헉! 저게 누구야?" "설마 뚱땡이 경수는 아니지?" 방학 동안 훈남이 되어 돌아온 경수를 보고 친구들이 다들 한마디씩 했어요. 모두 자기 눈을 의심하면서 말이에요. '눈을 의심하다'는 이렇게 놀라운 장면을 보고 "내가 뭘 잘못 봤나?" 하며 믿지 않고 이상하게 생각한다는 뜻이에요.

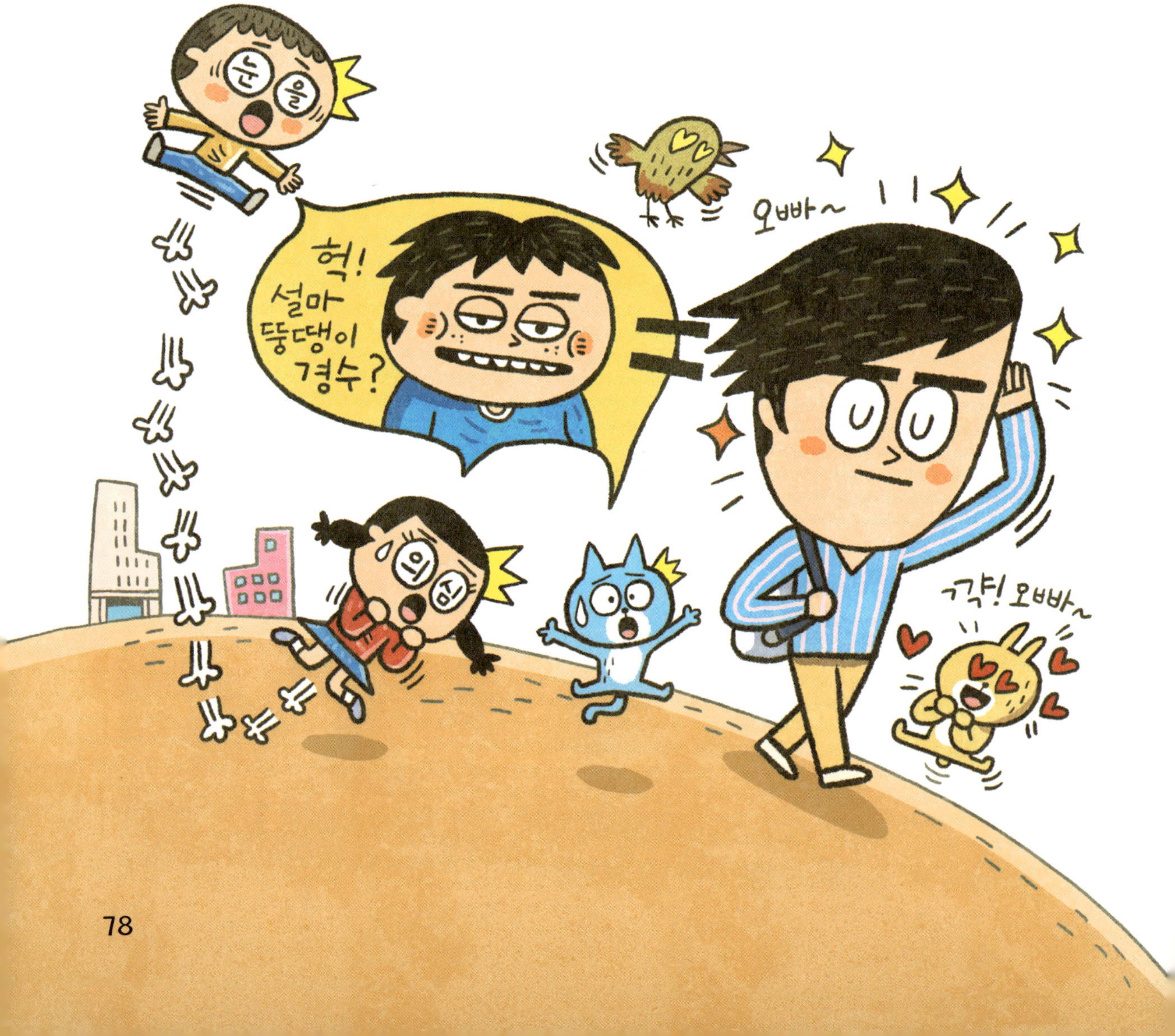

입이 딱 벌어지다

오늘은 할머니 댁에 가서 김치 담그는 일을 도와드리기로 했어요. 시골에 있는 할머니 댁 마당에 들어서는 순간! "저게 배추야, 산이야?" 어마어마한 배추를 보고 모두 입이 딱 벌어졌어요.

"어?" 하고 놀랄 때 입 모양을 잘 보세요. 딱 벌어져서 다물지 못하는 모양이에요. 매우 좋을 때도 "와!" 하며 입을 벌리게 되잖아요? 이렇게 매우 놀라거나 좋아하는 일이 일어났을 때 '입이 딱 벌어지다'라고 말해요.

🔵 비 입을 다물지 못하다, 입을 벌리다, 눈이 휘둥그레지다

끝을 보다

300조각 퍼즐을 맞추는데 두 시간이 지나도록 반도 못 맞추겠더라고요. 포기할까 생각하고 정리하려는데 아빠가 다시 의지를 불태울 수 있는 말씀을 해 주셨어요. "이거 다 맞추면 아빠가 피자 쏜다! 일단 시작한 일이니까 끝을 봐야지! 파이팅!"

'끝을 보다'에서 '보다'는 어떤 결과에 이르다는 뜻으로 쓰여요. 그러니 '끝을 보다'는 맨 마지막에 이르러 하던 일을 끝맺다는 뜻이랍니다.

 교과서 수록

눈 하나 깜짝 안 하다

"유령의 집이 뭐가 무섭냐?" 혁수가 큰 소리를 펑펑 치며 앞장서 들어갔어요. 예슬이에게 잘 보이고 싶었나 봐요. 그런데 들어가자마자 "으악!" 비명을 지르며 돌아 나오는 것 있죠? 오히려 예슬이는 눈 하나 깜짝 안 하는데 말이에요.
무서운 영화를 보거나 누군가 나를 때리려고 하면 자기도 모르게 눈을 꼭 감게 되지요. 하지만 얼굴빛이 하나도 변하지 않고 아무렇지도 않다는 듯 눈 하나 깜짝 안 하는 사람도 있어요. 그런 상황을 생각해 보면 이 말의 뜻을 알 수 있어요.

비 눈썹도 까딱하지 않다, 외눈 하나 깜짝하지 않다
반 식은땀을 흘리다, 손에 땀이 나다, 가슴이 떨리다

 교과서 수록

눈독을 들이다

나는 아이스크림을 와구와구 깨물며 시원하게 다 먹어 치웠는데 동생은 할짝할짝 핥으며 아껴 먹고 있더라고요. 동생의 먹는 모습이 귀여워 뚫어지게 보고 있었더니 동생이 홱 돌아앉으며 말했어요. "내 아이스크림에 눈독 들이지 마!" 아니, 침 묻은 걸 누가 먹는다고!

'눈독'은 욕심이 가득 찬 눈빛을 말해요. 그래서 ==욕심을 내어 눈여겨볼 때== '눈독을 들이다'라고 하지요.

🟢 비 군침을 흘리다, 입맛을 다시다
🔴 반 마음을 비우다

말을 바꾸어 타다

"장기자랑 하면 역시 춤이지." 시키지도 않았는데 형식이가 나서서 안무를 짜겠대요. 그러더니 "춤은 어려우니까 그냥 노래만 할까? 아니야, 연극이 더 재미있겠다!" 하고 계속 말을 바꾸어 타는 것 있죠?
이 말을 타다가 저 말로 바꾸어 타는 것처럼 사람이나 일을 수시로 바꾸는 것을 두고 '말을 바꾸어 타다'라고 해요. 이렇게 자꾸 말을 바꾸어 타면 일을 이루기가 어려워요. 그래서 한 가지 일을 꾸준하게 하라는 뜻으로 "우물을 파도 한 우물을 파라"라는 속담도 있답니다.

비 고삐를 돌리다

눈에 불을 켜다

"앗! 내 돈! 분명히 주머니에 천 원이 있었는데 어디 갔지?" 시원한 슬러시를 사 먹으려고 아껴 두었던 돈인데 아무리 뒤져도 보이지 않아요. 지나온 길을 몇 번씩 왔다 갔다 하면서 눈에 불을 켜고 찾았지만 소용없었죠.

이글이글 타오르는 눈빛으로 간절히 물건을 보거나 찾을 때는, 그 물건에 욕심이 나기 때문일 거예요. 그래서 '눈에 불을 켜다'라는 말은 몹시 욕심을 내거나 관심을 기울일 때 사용하지요. 또 다른 뜻으로 화가 나서 눈을 부릅뜨다라는 뜻도 있어요. 화가 났을 때 눈에서 불이 나는 만화 캐릭터를 생각해 보면 이해가 쉽지요.

비 눈에 쌍심지를 켜다, 눈에 핏발을 세우다

방귀쟁이 며느리

작품 속 관용어

침을 삼키다 | 걱정이 태산이다 | 귀에 못이 박히다 | 보통이 아니다
손사래를 치다 | 귀청이 떨어지다 | 사람을 잡다 | 기가 차다 | 눈물을 짜다
목이 타다 | 군침을 삼키다 | 그림의 떡

    노릇노릇 잘 구워진 생선, 보글보글 끓고 있는 구수한 뚝배기 된장찌개. 맛있는 음식이 가득 차려진 상을 앞에 두고도 며느리는 **침만 꼴깍꼴깍 삼키고** 있었어요.

    "며늘아기야, 너는 왜 안 먹느냐?"

    옆에서 가만히 지켜보던 시아버지가 걱정스레 물었어요. 며느리는 배가 불러 그렇다고 둘러댔어요.

    "요즘 밥도 잘 먹지 않고……. 어디가 아픈가?"

    "그러게요. 시집올 때는 꽃처럼 곱고 하얗던 얼굴이 한 달 만에 메줏

덩어리처럼 누렇게 변했으니…….”

상을 들고 나가는 며느리를 보며 시아버지와 시어머니는 걱정이 태산이었어요.

며칠 후, 아침 인사를 드리러 온 며느리를 보고 시아버지 눈이 휘둥그레졌어요. 며느리가 식은땀을 뻘뻘 흘리며 배를 움켜쥐고 어쩔 줄 몰라 하고 있었거든요.

"네가 아무래도 큰 병이 걸린 것 같구나. 의원을 찾아가 보자."

"아, 아니에요. 아버님, 괜찮습니다."

"어허! 괜찮아 보이지 않는데 그러는구나!"

시아버지가 단호하게 말하자 며느리가 엉덩이를 들었다 놨다 하며 개미만 한 목소리로 더듬더듬 말했어요.

"사실은……. 그게……. 그러니까……. 방귀를 못 뀌어서."

"뭐? 방귀를 못 뀌어서 그렇다고? 우하하!"

시아버지가 입을 크게 벌리고 웃어 댔어요.

"그래, 방귀도 참으면 병이 되지! 그러니 이제부터는 걱정하지 말고 마음껏 뀌어라."

"안 됩니다. 친정어머니께서 시부모님 앞에서는 절대 방귀를 뀌면 안 된다고 귀에 못이 박히도록 말씀하셨어요. 제 방귀는 보통이 아니거든요."

며느리가 손사래를 치며 울상을 지었어요.

"걱정하지 말래도 그런다."

시어머니가 인자한 미소를 지으며 부드럽게 말하자 며느리가 머뭇머뭇 말했어요.

"그럼 방귀를 뀌기 전에 부탁드릴 일이 있습니다. 아버님은 문고리를 잡으시고, 어머님은 저기 기둥을 꽉 잡으셔요."

 시아버지와 시어머니는 이유도 모르고 일단 시키는 대로 했어요. 며느리는 두 주먹을 불끈 쥐더니 입술을 앙다물고 오만상을 쓰며 엉덩이를 쑥 내밀었어요. 그 순간!

 "뿌~~~~~~~앙. 뽕! 뽕! 뺑! 뺑! 뽕! 뽕!"

 <mark>귀청이 떨어질</mark> 듯한 방귀 소리에 온 집안이 흔들리기 시작했어요. 지진이 일어난 것처럼 지붕이 들썩들썩! 기둥이 휘청휘청!

 "으악! 방귀가 <mark>사람 잡네</mark>! 이제 그만 뀌어라, 그만!"

시아버지가 고래고래 소리를 질렀어요. 방귀가 멈추고 나자 시어머니도 기가 차서 할 말을 잃었지요.
"안 되겠다! 더 큰일이 나기 전에 친정으로 돌려보내야지!"
결국, 며느리는 친정으로 쫓겨 가게 되었어요. 시아버지는 찔끔찔끔 눈물을 짜는 며느리를 앞세워 길을 나섰지요.
"여기서 잠깐 쉬어 가자꾸나."
시아버지는 잘 익은 배가 주렁주렁 달린 배나무 그늘에 털썩 주저앉았어요.
"아이고, 저 시원한 배를 한입 딱 베어 물면 좋겠네."
마침 목이 타던 시아버지가 군침을 삼키며 배나무를 올려다봤어요. 배는 키가 훌쩍 넘는 나무 꼭대기에 매달려 있어 그림의 떡이었죠. 그때, 며느리가 얌전히 말했어요.
"아버님, 제가 배를 따드릴게요. 잠시만 옆으로 물러나 계셔요."

며느리는 배나무 줄기에 대고 방귀를 '뿅!' 뀌었어요. 그러자 배나무가 휘청하더니 주먹만 한 배들이 투두둑 떨어졌어요. 시아버지는 입이 함지박만 하게 벌어졌어요.

"허! 그러고 보니 네 방귀가 아주 쓸모없는 방귀는 아니었구나. 며늘아기야, 다시 집으로 돌아가자!"

시아버지가 생각해 보니 방귀 말고는 나무랄 데 없는 며느리였어요. 결국, 며느리는 다시 시집으로 들어가 행복하게 살았대요.

며느리에게 방귀는 부끄럽고 숨겨야만 하는 단점이었어요. 하지만 이 이야기에서 보듯이 단점도 지혜롭게 잘 활용하면 쓸모 있는 것이 될 수 있어요. 내가 가진 단점도 오히려 나를 더 돋보이게 하는 장점이 될 수 있답니다. 이 세상에 쓸모없는 것은 없어요.

침을 삼키다

딩동~ 벨 소리와 함께 맛있는 치킨이 배달되는 순간, 나도 모르게 침을 꼴깍 삼키게 되지요? 한창 배고픈 점심시간에는 음식 냄새만 맡아도 입안 가득 침이 고이고, 고인 침을 꿀꺽 삼키게 되고 말이에요. 이처럼 입안에 침이 고여 삼킬 만큼 음식을 몹시 먹고 싶을 때 '침을 삼키다'라고 말해요.

걱정이 태산이다

선생님께서 내일까지 시험지에 부모님 확인을 받아 오라는데 도저히 보여 드릴 용기가 나지 않아요. 아휴, 정말 걱정이 태산이네요.

우리 조상들은 엄청나게 크고 많은 것을 중국에 있는 큰 산인 '태산'에 비유해서 표현하곤 했어요. '할 일이 태산이다', '티끌 모아 태산'처럼 말이에요. 그래서 걱정이 매우 많다는 것도 '걱정이 태산이다'라고 말했어요. 지금 내 마음속 걱정의 크기가 바로 딱! '태산'만 하니 아주 정확한 비유인 것 같아요.

귀에 못이 박히다

공부하라는 부모님의 잔소리는 귀에 못이 박히도록 매일매일 듣는 말이죠. 그런데 귀에 못이 박힌다고 생각하면 끔찍하지 않나요?

여기서 말하는 '못'은 나무에 박는 뾰족한 쇠붙이 못이 아니에요. 발뒤꿈치나 손바닥에 생기는 단단한 굳은살을 의미하지요. 굳은살은 같은 일을 계속 반복할 때 생겨요. 그래서 같은 말을 여러 번 듣다 보면 귀에도 못이 박일 거라고 재미있는 상상력을 발휘한 것이랍니다. 지금은 '귀에 못이 박히다'라고 많이 쓰지만 원래는 '귀에 못이 박이다'라고 써야 바른 표현이에요.

🔵 비 귀에 딱지가 앉다, 귀에 싹이 나다

보통이 아니다

수학여행 장기 자랑 시간, 친구의 숨겨진 실력을 보고 깜짝 놀랐지 뭐예요? "너 춤 솜씨가 보통이 아니던데?" 내 한마디에 친구가 쑥스럽게 웃더라고요.

'보통'은 뛰어나지도 못하지도 않은 중간 정도를 말해요. 그런데 보통이 아니라고 했으니 평범하지 않고 특별하다는 말이지요.

비 여간이 아니다 : '여간'은 혼자서 어떤 뜻을 나타내지 못해요. 주로 '아니다', '않았다' 같은 말과 함께 쓰이죠. '여간이 아니다'는 보통이 아니고 대단하다는 의미를 지녀요.

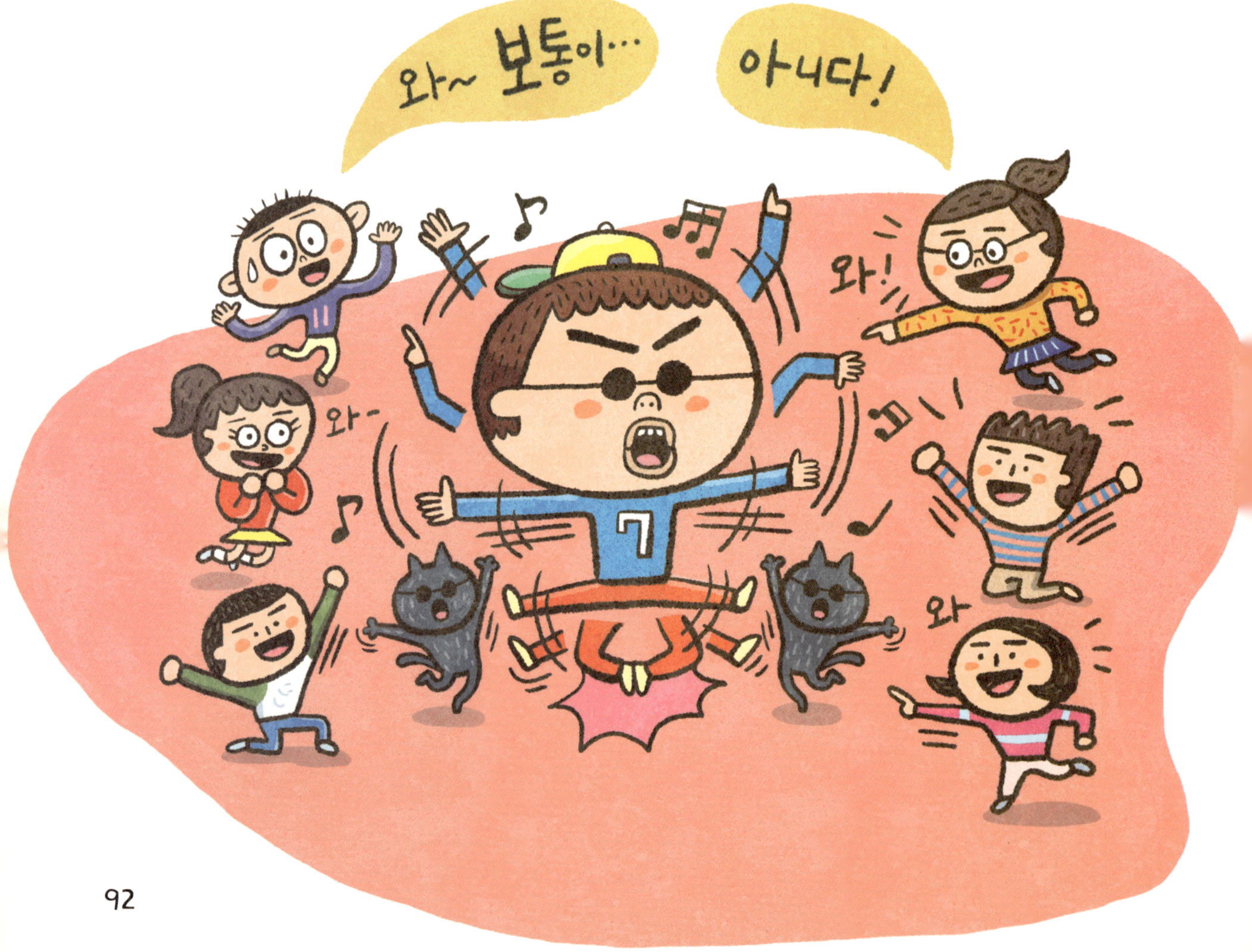

손사래를 치다

1년 365일 다이어트 중인 향란이는 더 먹으라고 하면 언제나 손사래를 치며 싫다고 해요. 그래서 살이 좀 빠져 보인다고 했더니 그건 아니라며 또 손사래를 치네요.
'손사래를 치다'는 거절하거나 아니라고 부인할 때 손을 펴서 마구 휘젓는 행동을 말해요. 손사래는 발음할 때 [손싸래]라고 해요.

귀청이 떨어지다

"동해 물과 백두산이 마르고 닳도록~" 고래고래 소리 지르며 애국가를 불렀더니 선생님께서 귀청 떨어지겠대요. 크게 부르라고 하실 때는 언제고.
'귀청'은 귓구멍 안쪽에 있는 종이보다 얇은 막이에요. 소리는 귀청이 진동해야 들을 수 있어요. 그런데 소리가 너무 커서 귀청이 많이 흔들리면 떨어져 나가기도 한대요. 이렇게 소리가 몹시 커 귀가 아플 때 '귀청이 떨어진다'라고 해요.

🔵 비 귀청이 찢어지다, 귀청을 떼다, 귀청이 터지다

사람을 잡다

드라마를 보니까 억울한 일을 당한 사람이 "아이고, 사람 잡네."라고 말하며 땅바닥을 데굴데굴 구르는 장면이 나오더라고요. '사람을 잡다'는 심한 어려움으로 몰아넣는다는 뜻도 있지만 사람을 죽이다라는 뜻도 있어요. "손님이 와서 닭을 잡았어."라고 말할 때, 닭을 잡았다는 것이 닭을 손으로 쥐는 게 아니라 죽였다는 의미인 것처럼 말이에요. 우리 속담 중에 "설마가 사람 잡는다", "선무당이 사람 잡는다", "세 치 혀가 사람 잡는다"도 그런 뜻으로 이해하면 돼요.

94

기가 차다

자기가 먼저 때려 놓고 선생님 앞에서는 "은선이가 먼저 때렸어요."라고 우기는 황당하고 기가 찬 경험을 당해 본 적이 있나요?

기(氣)는 한자로 '호흡하는 숨' 또는 '공기'를 의미해요. 공기가 입안에 가득 차 있으면 말을 하려고 해도 말이 나오지 않겠지요? 그러니까 '기가 차다'는 너무 어이없거나 황당해서 말이 나오지 않는다는 뜻이에요.

비 어이없다, 말문이 막히다, 할 말을 잊다

눈물을 짜다

동생이 내 소중한 게임기를 허락도 없이 만진 거예요. 화가 나서 머리통을 한 대 콕 쥐어박았더니 눈물을 질질 짜지 뭐예요? 괜히 미안해지더라고요.

'짜다'는 잘 나오지 않는 것을 억지로 만든다는 의미가 있어요. 그러니까 '눈물을 짜다'는 잘 나오지 않는 눈물을 억지로 쥐어짜며 질금질금 우는 것을 말해요.

목이 타다

학부모 공개수업을 하는 날, 이제 곧 내 발표 순서가 돼요. 왜 자꾸 침이 마르고 목이 타는지 모르겠어요.

'타다'에는 물기가 없이 바싹 마르다라는 의미가 있어요. 그래서 바싹 긴장해 입술이 마를 때도 '입술이 탄다'고 표현하죠. 목이 타는 것도 마찬가지로 목에 물기가 없이 바싹 마른 거예요. 목에 물기가 없으니 심하게 갈증을 느끼는 상황이겠죠?

비 목이 마르다

군침을 삼키다

입안에 있는 침은 알겠는데 군침은 뭘까요? 맛있는 피자가 눈앞에 있으면 침부터 꼴깍 삼키게 되는데 이렇게 아무 이유 없이 입안에 도는 침을 군침이라고 해요. 음식을 보고 먹고 싶어서 입맛을 다실 때 '군침을 삼키다'라고 하는 것이지요. 하지만 옆 사람이 먹는 음식을 너무 빤히 쳐다보며 군침을 삼키는 것은 불쌍해 보일 수 있으니 참아 주세요!

비 침을 삼키다, 군침을 흘리다

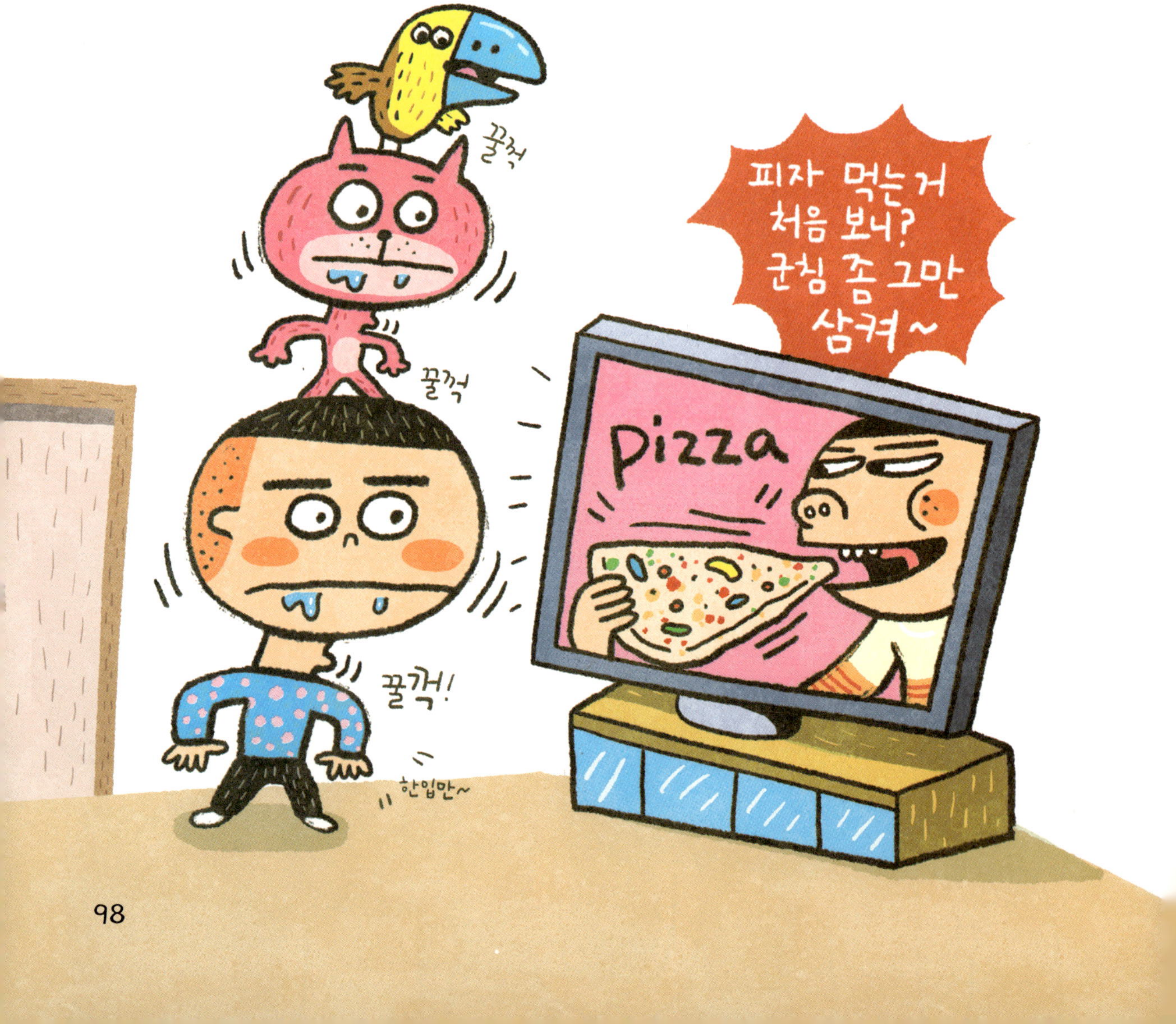

그림의 떡

"나도 저런 게임기 있었으면 좋겠다!" TV 광고 속 게임기에 눈을 못 떼고 있는데 누나가 저런 게임기는 꿈도 꾸지 말래요. 엄마는 절대로 사 줄 리가 없으니 그림의 떡이라나요?

그림 속에 있는 떡은 아무리 먹고 싶어도 그림이니까 먹을 수가 없어요. 그런 것처럼 <mark>가지고 싶어도 가질 수 없는 것을 말할 때</mark> 이런 말을 써요. 북한에서는 '그림의 선녀'라고 표현한대요.

성 **화중지병**(畫中之餠: 그림 **화**, 가운데 **중**, 어조사 **지**, 떡 **병**)
 : 그림 속의 떡이라는 뜻으로, 바라만 보았지 쓸모가 없음을 이르는 말

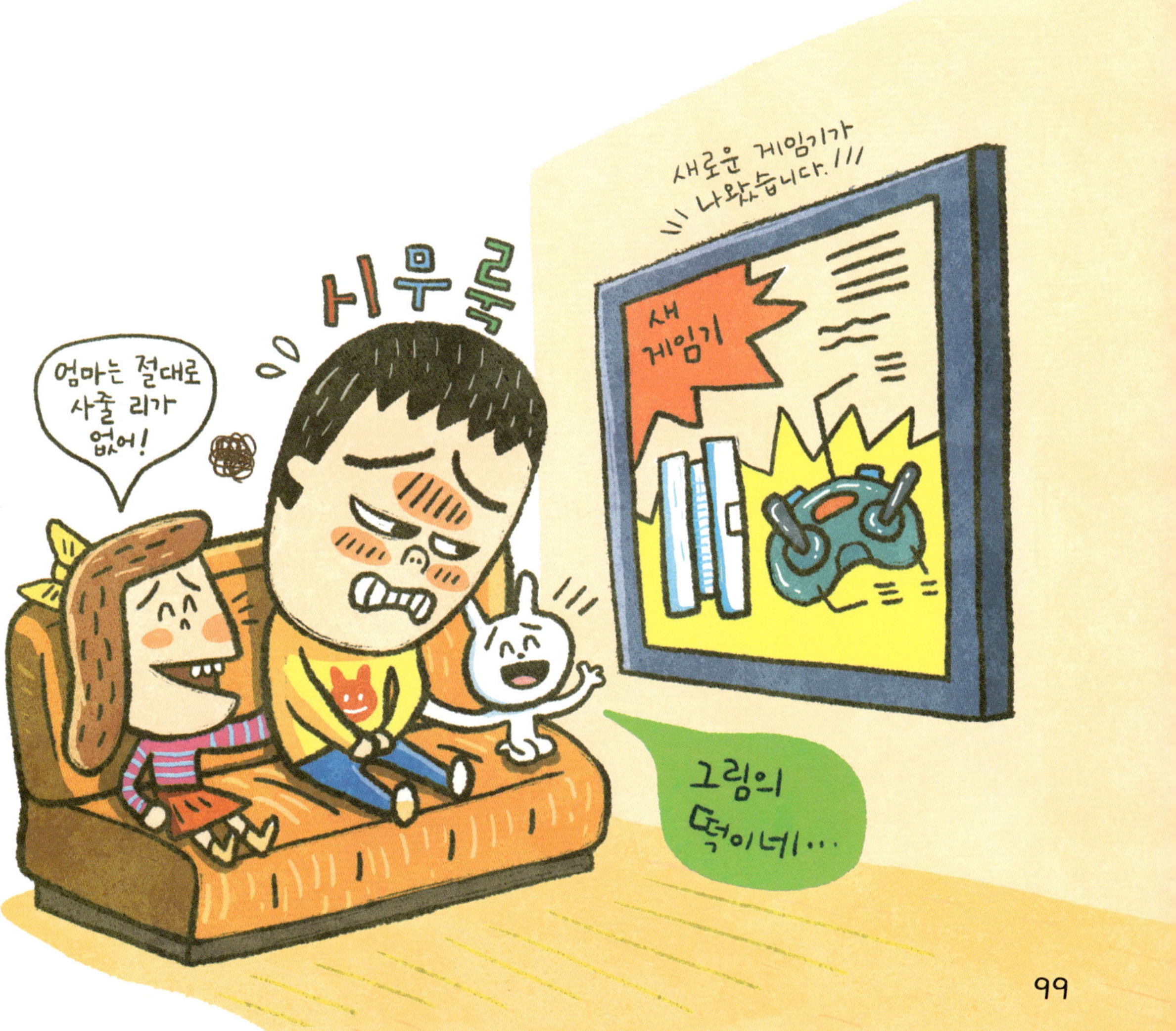

백일홍

작품 속 관용어

쑥대밭이 되다 | 엎친 데 덮치다 | 손을 놓다 | 새파랗게 질리다
발 벗고 나서다 | 꼬리를 감추다 | 쥐 죽은 듯 | 입에 침이 마르다
뿌리 뽑다 | 가슴을 태우다 | 가슴이 내려앉다 | 억장이 무너지다

"이무기가 나타났다. 이무기가 나타났어!"
　조용하던 바닷가 마을이 순식간에 **쑥대밭이 되었어요**. 머리가 셋 달린 이무기는 거센 파도를 일으키며 고깃배를 바스러뜨렸지요. 사람들은 정신없이 도망치며 살려 달라고 아우성쳤어요.
"이러다 다 굶어 죽게 생겼군."
"그러게 말이야. 이무기 때문에 고기도 못 잡는데 **엎친 데 덮친 격**으로 비도 오지 않으니 농사를 지을 수도 없고. 어휴!"
　이무기가 잠시 사라진 사이, 사람들은 깊은 한숨만 몰아쉬었어요.

"이무기는 처녀를 제물로 바치면 잠잠해진다던데……."

마을 촌장이 우물쭈물 입가에 맴도는 말을 꺼내자 마을 사람들이 술렁이기 시작했어요. 처음에는 말도 안 된다며 펄쩍 뛰던 사람들이 많았지만, 이내 하나둘 말이 없어졌어요.

"다른 뾰족한 수가 있는 것도 아니고, 이렇게 계속 손을 놓고 있을 수도 없으니 처녀라도 바칩시다!"

결국, 마을 사람들은 처녀들을 모아 놓고 제비뽑기를 했어요. 마을 처녀들은 덜덜 떨리는 손으로 눈을 질끈 감은 채 제비를 뽑았지요.

"에구머니나!"

늙은 아버지를 모시고 사는 처녀가 새파랗게 질려서 털썩 주저앉았어요. 처녀는 더는 아무 말도 못 하고 왈칵 눈물을 쏟으며 흐느꼈어요. 사람들은 애써 모른 척할 수밖에 없었어요.

드디어 처녀를 제물로 바치기로 한 날이 왔어요. 온 마을은 마치 초상집처럼 눈물바다가 되었어요.

"무슨 일입니까?"

때마침 마을을 지나던 젊은 청년이 사람들에게 물었어요. 사람들은 그동안 있었던 이야기를 해 주었어요.

"왜 싸워 보지도 않고 소중한 목숨을 이무기에게 바치려고 합니까?"

젊은 청년은 분개하며 자기 일이라도 되는 듯 발 벗고 나섰어요.

"제가 이무기를 물리치겠습니다!"

청년은 처녀 대신 쓰개치마를 뒤집어쓰고 제물이 되어 이무기를 기다렸어요.

얼마 후, 먹구름이 몰려오고 세찬 비바람이 불기 시작했어요. 그러더니 바닷속에서 무시무시한 이무기가 모습을 드러냈지요. 청년은 뒤집어쓰고 있던 옷을 집어 던지고 용감하게 칼을 휘둘렀어요.

"내 칼을 받아라!"

　청년이 이무기를 향해 힘껏 칼을 던졌어요. 칼은 정확하게 이무기의 오른쪽 눈을 찔렀어요. 이무기는 괴로운 듯 몸부림치더니 바닷속으로 꼬리를 감추었어요. 출렁이던 바다는 금세 쥐 죽은 듯 고요해졌죠.

　"와! 청년이 이무기를 물리쳤다!"

　마을에서 잔치가 열렸고, 사람들은 늠름한 청년을 입에 침이 마르도록 칭찬했어요. 이무기의 제삿밥이 될 뻔한 처녀도 수줍은 듯 다가와 몇 번이나 감사 인사를 했어요.

　"아직 이무기가 완전히 사라진 것은 아닙니다. 제가 바다로 나가 이무기를 뿌리 뽑고 오겠습니다."

　청년은 처녀를 위해 다시 바다로 나가겠다고 했어요. 마음씨 착한 처녀가 마음에 들었거든요. 처녀도 청년의 용감한 모습에 반해, 둘은 이무기를 물리치고 돌아오면 결혼하기로 굳은 약속을 했어요.

"내가 이무기를 물리치면 흰 돛을 달고, 만일 무슨 일이 생기면 붉은 돛을 달고 돌아오겠소."

청년이 배를 타고 바다로 나가면서 말했어요. 사실 배의 돛은 항상 흰색이니 붉게 변할 일이 없잖아요. 청년은 불안해하는 처녀를 안심시키고 싶었던 거예요.

그래도 처녀는 날마다 가슴을 태우며 청년이 돌아오기만 기다렸어요. 하루가 지나고, 이틀이 지나고, 사흘이 지나고.

어느덧 백 일째가 되는 날이었어요. 수평선 너머로 작은 배가 보이기 시작했어요. 그런데 배는 붉은 돛을 달고 있었어요. 처녀는 가슴이 덜컥 내려앉았어요.

"아니야! 그럴 리가 없어!"

처녀는 억장이 무너져 울부짖었어요. 배가 다가올수록 붉은 돛이 더

욱 선명하게 보였어요. 처녀는 슬픔을 참지 못하고 그만 절벽에서 뛰어내렸어요.

잠시 후, 배가 육지에 닿자 사람들은 깜짝 놀랐어요. 청년이 죽지 않고 살아 있었던 거예요. 하지만 처녀는 이미 죽은 뒤였죠.

"아! 내가 그때 그 말만 하지 않았더라면……."

청년은 눈물을 흘리며 후회했어요. 돛이 붉게 변한 것은 이무기의 피 때문이었거든요.

사람들은 처녀를 안타깝게 여기며 고이 묻어 주었어요. 그러자 무덤에서 이름 모를 꽃이 피기 시작했어요. 이 꽃은 딱 백 일 동안 빨갛게 피었어요. 처녀가 백 일 동안 청년을 기다린 것처럼 말이에요. 그때부터 사람들은 이 꽃의 이름을 '백일홍'이라고 했답니다.

친구들은 혹시 붉게 핀 백일홍을 본 적이 있나요? 사랑을 위한 백 일 동안의 기다림. 안타깝게도 두 사람의 사랑은 비극으로 끝났지만 용감한 청년을 향한 처녀의 순수하고 아름다운 사랑을 느낄 수 있는 꽃이랍니다.

쑥대밭이 되다

"집이 이게 뭐니? 완전히 쑥대밭이 됐잖아!" 외출하고 들어오신 엄마가 난장판이 된 거실을 보고 소리를 지르셨어요.

쑥은 생명력이 강해서 어디서나 쑥쑥 잘 자란답니다. 하지만 땅의 영양분을 모두 가져가 경작할 수 없는 땅을 만들지요. 특히 밭을 버려두거나 폐허가 된 집을 보면 쑥이 허리 높이까지 자란 것을 볼 수 있어요. 그렇게 크게 자란 것을 쑥대라고 해요. '쑥대밭이 되다'는 말은 원래의 모습이 남아 있지 않을 정도로 엉망이 되었다는 뜻이랍니다.

비 쑥밭이 되다, 날벼락을 맞다

엎친 데 덮치다

체육 시간에 축구를 하다가 넘어졌어요. 잠시 쉬려고 나오는데 하필 친구가 찬 축구공에 뒤통수를 딱! 어휴~ 엎친 데 덮친다는 건 이런 경우를 두고 하는 말인가 봐요. '엎친 데 덮치다'는 부정적인 의미로 어렵거나 나쁜 일이 겹쳐서 일어나는 경우를 말해요.

성 설상가상(雪上加霜: 눈 설, 윗 상, 더할 가, 서리 상)
 : 눈 위에 또 서리가 내린다는 뜻으로 어려운 일이 겹침을 이르는 말

손을 놓다

엄마가 요리를 하시다가 갑자기 국자를 딱 놓으며 이젠 집안일에서 손을 놓겠다고 선언하셨어요! 손 하나 까딱 않는 가족들을 보고 이렇게는 안 되겠다고 생각하셨대요. 이젠 스스로 빨래도 하고 청소도 하라고 하시네요. 그나저나 오늘 저녁밥은 못 먹는 걸까요?

요리를 하다가 재료를 손에서 놓으면 어떻게 될까요? 잡은 손을 놓으면 하던 일을 잠시 멈추게 되겠지요. '손을 놓다'는 하던 일을 그만두거나 잠시 멈춘다는 의미랍니다.

비 손을 떼다, 손을 멈추다, 손을 빼다, 손을 털다

새파랗게 질리다

"으악!" 엄마의 비명에 난리가 났어요. 알고 보니 채소 속에 있던 벌레 때문이에요. 우리 엄마는 벌레만 보면 새파랗게 질려서 벌벌 떨거든요. '질리다'에는 몹시 놀라거나 무서워서 얼굴빛이 변하다는 의미가 있어요. 그러면 무서울 때 얼굴빛은 어떻게 변할까요? 사람이 겁에 질리면 얼굴이 하얗게 변하고 입술은 핏기가 하나도 없이 검푸르게 비쳐 파랗게 되지요. '새파랗게 질리다'는 몹시 놀라거나 겁을 먹어 핏기가 없는 상태를 보고 하는 말이에요.

비 파랗게 질리다, 목을 움츠리다

발 벗고 나서다

수도관이 터져서 집안이 온통 물바다예요. 어쩔 수 없이 식구들 모두 발 벗고 나서서 온종일 물을 퍼내야 했어요.

'발을 벗다'는 신발이나 양말처럼 발에 걸쳐진 것들을 벗어 아무것도 신지 않는다는 말이죠. 우리 조상들은 모내기 같은 논일을 할 때, 신발도 벗고 맨발로 일했어요. 그러니까 일에 적극적으로 참여할 때에는 발 벗고 나서야 했던 거죠. '발 벗고 나서다'가 적극적으로 나선다는 의미로 쓰이게 된 것은 이러한 우리 조상들의 생활 모습을 떠올리면 쉽게 이해할 수 있어요.

비 앞장을 서다, 소매를 걷어붙이다

꼬리를 감추다

하라는 청소는 안 하고 과학실에서 난리 치며 놀던 친구들이 "선생님 오신다!"라는 한마디에 재빨리 꼬리를 감추고 도망가 버렸어요. 그야말로 순식간에 일어난 일이었죠.

'범인의 꼬리를 쫓다.'처럼 '꼬리'는 흔적을 뜻하기도 해요. "꼬리 잡히지 않게 조심해라."라고 말할 때도 흔적을 들키지 않게 조심하라는 뜻이 담겨 있어요. 그렇게 보자면 '꼬리를 감추다'는 <mark>흔적을 들키지 않게 자취를 감추거나 사라진다</mark>는 뜻이 된답니다.

비 꼬리를 숨기다
반 꼬리가 밟히다

쥐 죽은 듯

"우당탕 쿠당탕" 친구들과 재미있게 놀고 있는데 "딩동" 누군가 벨을 눌렀어요. 옆집에서 시끄럽다고 항의하러 왔나? 순간, 우리는 모두 그 자리에서 얼음이 되어 쥐 죽은 듯 조용해졌죠. 그런데 다행히 택배 아저씨였어요.

지금이야 쥐를 자주 볼 수 없지만, 예전에는 쥐가 참 많았어요. 밤에 잠을 자려고 누우면 천장에서 우당탕 쥐 뛰어다니는 소리가 들렸지요. 그런 쥐들이 모두 죽으면 매우 조용한 상태가 되겠지요? 그래서 '쥐 죽은 듯'이라는 표현이 나왔답니다.

🔴 반 야단법석을 떨다, 법석을 부리다

입에 침이 마르다

동생이 유치원에서 어버이날이라며 감사 편지를 써 왔어요. 몇 글자 없는 뻔한 내용인데도 엄마는 입에 침이 마르도록 자랑을 하고 다니세요. '입에 침이 마르다'는 입안에 있는 침이 마를 정도로 **거듭해서 말한다**는 뜻이에요. 했던 말을 하고 또 하다 보면 침이 새로 생겨날 새도 없어 입안에 침이 마른다는 거죠. 과장된 표현이기는 하지만 무슨 뜻인지 이해하기 쉽지요?

🔵 비 침이 마르다, 입이 마르다, 입이 닳다

교과서 수록

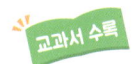

뿌리 뽑다

"아름다운 우정으로 학교 폭력 뿌리 뽑자!" 밤새도록 만든 표어인데 괜찮나요? 풀의 뿌리를 뽑으면 다음에 다시 자랄 수 없어요. 뿌리는 생명의 근원이니까요. '뿌리 뽑다'는 **생기거나 자랄 수 있는 근원을 없애 버린다**는 뜻이에요. 쉽게 말해 완전히 없애 버린다는 것이죠. 그러니까 이 표어의 뜻은 아름다운 우정으로 학교 폭력을 완전히 없애자는 말이에요.

비 뿌리를 자르다, 씨를 말리다

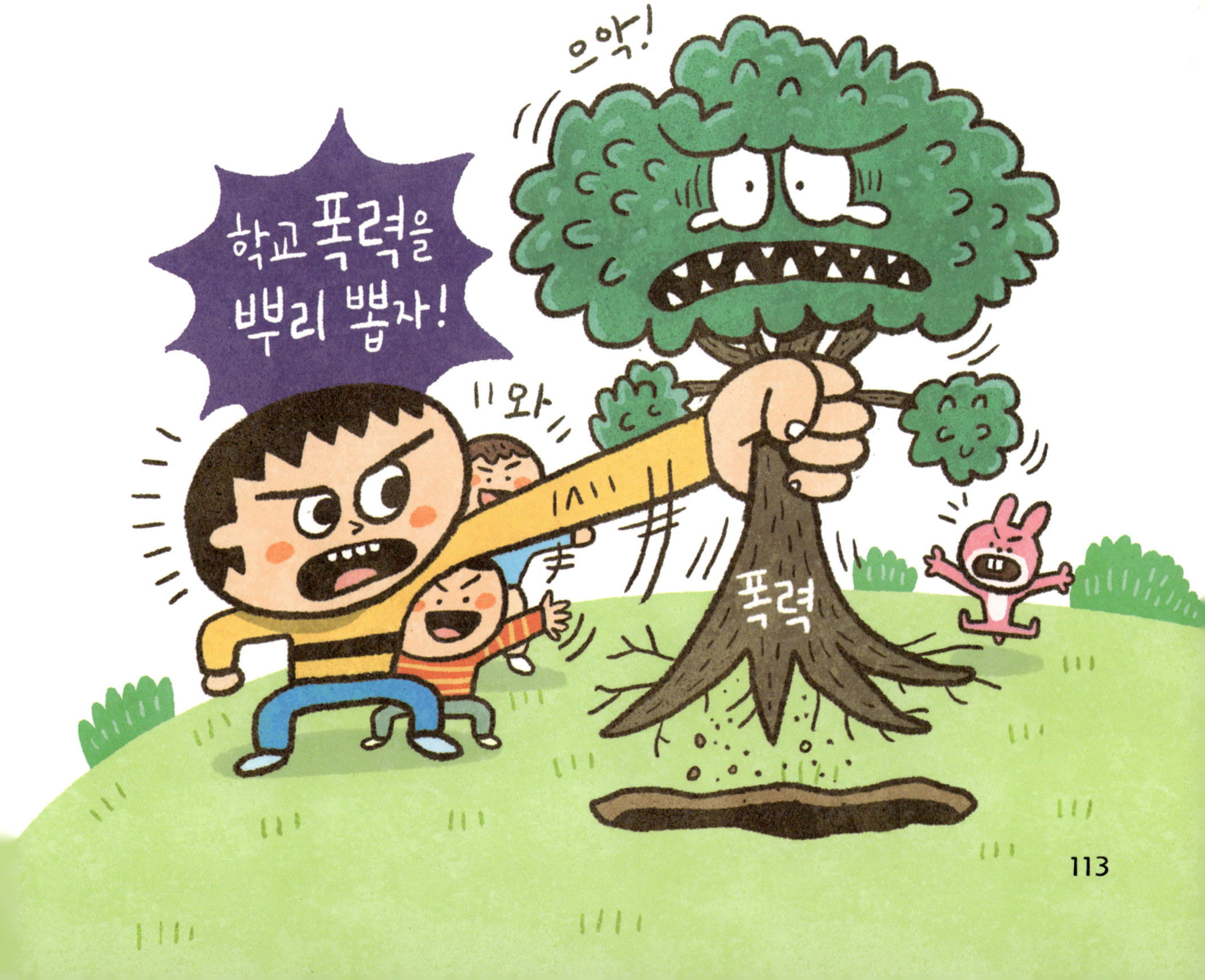

가슴을 태우다

우리 집 강아지 예삐가 사라졌어요. 온 동네에 벽보를 붙이고 연락처를 남겨 놓았더니 다행히 예삐를 보호하고 있다는 연락이 왔어요. 그동안 얼마나 가슴을 태우며 찾아다녔는지…….

이렇듯 '가슴을 태우다'는 걱정이나 근심을 하여 마음이 몹시 애가 타고 초조해진다는 말이에요.

비 속을 태우다, 애를 태우다, 속이 타다

성 노심초사(勞心焦思: 힘쓸 로, 마음 심, 태울 초, 생각할 사)
: 애를 쓰고 속을 태우며 골똘히 생각함

가슴이 내려앉다

분명히 신호등이 바뀌는 것을 보고 건넜는데 "끼이익~~" 소리와 함께 지나가던 자동차가 코앞에서 멈춰 섰어요. 어찌나 놀랐는지 가슴이 덜컥 내려앉고 식은땀이 쫙 나더라고요.

깜짝 놀랐을 때, 가슴이 철렁하는 느낌을 받은 적 있지요? 그런 느낌을 이해하면 '가슴이 내려앉다'는 말을 쉽게 이해할 수 있을 거예요. 심장 대신에 가슴 안에 있는 간과 쓸개로 바꾸어 '간담(肝膽: 간 간, 쓸개 담)이 내려앉다'라고도 해요.

비 간담이 내려앉다, 가슴이 덜컹하다, 가슴이 철렁하다, 얼굴이 파래지다

억장이 무너지다

엄마는 노란 리본만 봐도 "사고로 자식이 죽으면 부모들은 얼마나 억장이 무너질까." 하고 눈물을 글썽이곤 하세요. 사랑하는 가족 곁을 떠난다는 것은 생각만으로도 억장이 무너지는 일인가 봐요.

'억장'은 아주 높은 높이를 말해요. 예를 들어 오랫동안 정성 들여 쌓은 높은 성이 한순간 무너졌다고 생각해 보세요. 세상이 무너져 내린 듯 슬프고 절망적이겠지요? '억장이 무너지다'는 극심한 슬픔이나 절망으로 가슴이 몹시 아프고 괴롭다는 뜻이랍니다.

비 가슴이 무너져 내리다, 가슴이 무너지다

삼년고개

작품 속 관용어

눈에 밟히다 | 보는 눈이 있다 | 바가지를 씌우다 | 간발의 차이 | 발이 묶이다
살얼음을 밟듯이 | 꼬리에 꼬리를 물다 | 뼈만 남다 | 문턱이 닳도록 드나들다
혀를 차다 | 꿀밤을 먹다 | 눈만 뜨면

　북적북적한 시골 장터를 구경하던 할아버지가 닭 장수 앞을 지나고 있었어요.
　"병아리 사세요. 금방 자라서 달걀을 낳을 암평아리랍니다."
　할아버지는 통통한 병아리가 자꾸 눈에 밟혔어요. 고소한 달걀 생각에 침까지 꼴깍 넘어갔지요.
　"이 병아리는 얼마유?"
　"보는 눈이 있으시네. 그 병아리가 제일 튼튼한 놈이라 십 전은 받아야 하는데 일곱 전만 주십시오."

"예끼 이 사람! 누구에게 바가지를 씌우려고! 내가 아까 여섯 전에 파는 것을 봤는데."

할아버지와 닭 장수는 병아리값을 두고 옥신각신했어요. 결국, 할아버지는 여섯 전을 주고 암평아리를 샀어요.

할아버지는 병아리를 품에 안고 콧노래를 부르며 서둘러 집으로 향했어요. 그런데 그만 간발의 차이로 배를 놓쳐 버렸지 뭐예요. 강을 건너지 못하면 먼 길을 돌아 삼년고개를 넘어야 하는데 어쩌면 좋아요.

"삼년고개에서 넘어지면 삼 년밖에 못 산다는데……."

할아버지가 강을 건너지 못하고 발이 묶여 고민하는 사이, 해가 지고 사방이 어두워지기 시작했어요.

"에잇, 넘어지지만 않으면 되겠지!"

할아버지는 어쩔 수 없이 삼년고개를 넘기로 했어요. 다행히 보름달이 떠 길을 환하게 비춰 주었지요. 할아버지는 삼년고개 앞에서 크게 숨을 들이켰어요. 그리고 살얼음을 밟듯이 조심조심 걸었어요.

"괜찮아, 괜찮을 거야."

할아버지는 한 발 한 발 내디딜 때마다 주문을 걸듯 중얼거렸어요. 그때, 멀리서 "어흥~" 하고 호랑이 울음소리가 들렸어요. 그러자 화들짝 놀란 암평아리가 할아버지 품에서 푸드덕거렸어요. 할아버지는 날개 치는 병아리를 잡으려다 중심을 잃고 비틀거렸어요.

"어이쿠!"

할아버지는 그만 삐죽 나온 돌부리에 툭 걸려 넘어졌어요.

　집으로 돌아온 할아버지는 그날부터 시름시름 앓아누웠어요. 할아버지가 삼년고개에서 넘어졌다는 소문은 꼬리에 꼬리를 물고 사방에 퍼져 나갔어요.
　"건넛마을 할아버지가 삼년고개에서 넘어졌다면서? 이제 앞으로 삼 년밖에 못 살겠구먼."
　"삼 년이 뭐야. 벌써 뼈만 남아 곧 죽을 것 같다던걸?"
　"의원들이 문턱이 닳도록 드나들었지만, 소용이 없대요. 쯧쯧."
　문병을 다녀온 사람마다 혀를 차며 말했어요.
　할아버지의 병은 날이 갈수록 깊어졌어요. 할머니는 할아버지 걱정에 날마다 한숨뿐이었지요.
　그러던 어느 날, 이웃집 꼬마가 아버지를 따라 문병을 왔어요.
　"어르신, 어서 기운을 차리셔야지요."
　"기운을 차리면 뭐하나? 이제 삼 년밖에 못 살 텐데."

할아버지가 깊은 한숨을 쉬자 꼬마가 눈을 말똥말똥 뜨고 물었어요.
"왜 삼 년밖에 못 살아요?"
"삼년고개에서 한 번 넘어지면 삼 년밖에 못 산단다."
할아버지가 눈물을 글썽이며 대답했어요.
"치! 난 또 뭐라고. 그럼 빨리 가서 몇 번만 더 넘어지면 되겠네요."
"예끼, 이 녀석! 사람 목숨이 달렸는데 농담을 하다니!"
꼬마의 아버지가 꿀밤을 먹이자 꼬마가 억울하다는 듯 입을 삐죽거리며 말했어요.
"농담이 아니에요! 한 번 넘어지면 삼 년 사니까 두 번 넘어지면 육 년, 세 번 넘어지면 구 년을 살 수 있는 거잖아요!"
순간, 가만히 누워서 눈만 끔뻑끔뻑하던 할아버지가 벌떡 일어났어요.

"옳지! 네 말이 맞구나! 내가 왜 그 생각을 못 했을꼬?"

할아버지는 당장 삼년고개로 달려가 데굴데굴 구르기 시작했어요.

"한 번 굴렀으니 삼 년이오!"

할아버지는 일어나자마자 또 올라가서 굴러 내렸어요.

"두 번 굴렀으니 육 년이오!"

할아버지는 신이 나서 넘어질 때마다 큰 소리로 외쳤어요.

그 뒤로 어떻게 되었냐고요? 할아버지는 거짓말처럼 병이 싹 나아 오래오래 건강하게 살았대요. 그뿐인가요? 그 이야기를 듣고 사람들은 눈만 뜨면 삼년고개에 가서 한 바퀴씩 데구루루 굴렀지요. 열 번 구르면 삼십 년, 스무 번 구르면 육십 년을 살 수 있으니까요.

모든 일은 마음먹기에 달린 거예요. 시름시름 앓던 할아버지가 두 번, 세 번 굴러 넘어지면 더 오래 살 수 있다고 생각하면서 진짜 건강하게 된 것처럼요. 긍정적으로 생각하는 힘! 그것이 바로 몸도 마음도 건강하게 하는 비결이랍니다.

눈에 밟히다

'하, 터닝메카드 갖고 싶다.' 잠자리에 들었는데도 오늘 저녁 마트에서 본 터닝메카드가 자꾸 눈에 밟히네요.
'눈에 밟히다'는 <mark>잊히지 않고 자꾸 눈에 떠오른다</mark>는 뜻이에요. 간절히 보고 싶어서 눈을 감아도 보이는 듯할 때 이런 표현을 쓰지요. 할머니가 귀여운 손주를 보고 싶으실 때 "고 녀석이 자꾸 눈에 밟히는구나."라고 말씀하시는 것도 바로 이런 의미랍니다.

🅑 눈에 아른거리다, 머리에 맴돌다

보는 눈이 있다

"어머, 가방 예쁘다! 너 이거 어디서 샀어?" 지은이가 내 가방을 보더니 예쁘다고 난리예요. 자기도 엄마한테 졸라서 하나 사야겠다나요? "치, 보는 눈은 있어서!"
여기서 말하는 '보는 눈'은 얼굴에 있는 눈이 아니라 사물을 보고 판단하는 힘을 말해요. 그러니까 '보는 눈이 있다'는 것은 <mark>사람이나 일을 보고 판단하는 능력이 있다</mark>는 말이지요.

🅑 눈이 정확하다, 안목이 있다, 눈이 높다, 안목이 높다
🅡 눈이 낮다

바가지를 씌우다

"뭐가 이렇게 비싸요? 휴가철이라고 아주 바가지요금이구먼." 아빠는 음식점 주인이 바가지를 씌웠다며 계속 투덜거리셨어요.

'바가지를 쓰다'라는 말은 중국의 노름에서 유래되었다고 해요. 1부터 10까지 숫자가 적힌 바가지를 엎어 놓고 마구 섞은 뒤 말한 숫자가 들어 있는 바가지를 맞추는 노름인데, 이때 바가지 안의 숫자를 맞추지 못하면 돈을 잃고 손해를 보았기 때문에 이런 표현이 생긴 거래요. 그러니 '바가지를 쓰다'의 반대 입장인 '바가지를 씌우다'는 실제보다 비싸게 사게 하여 손해를 보게 한다는 의미를 가지지요.

교과서 수록

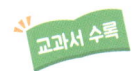

간발의 차이

"앗! 지각이다!" 아침도 먹는 둥 마는 둥 후다닥 뛰어나왔는데 간발의 차이로 통학 버스를 놓쳤지 뭐예요. 이럴 줄 알았으면 좀만 더 일찍 일어날걸.

간발(間髮: 사이 간, 머리카락 발)은 머리카락 하나만큼의 틈을 말해요. 그러니까 '간발의 차이'라고 하면 머리카락 하나가 들어갈 만큼의 작은 차이를 말하지요. 서로 엇비슷할 정도의 아주 작은 차이를 말할 때 사용하는 표현이에요.

반 하늘과 땅 차이

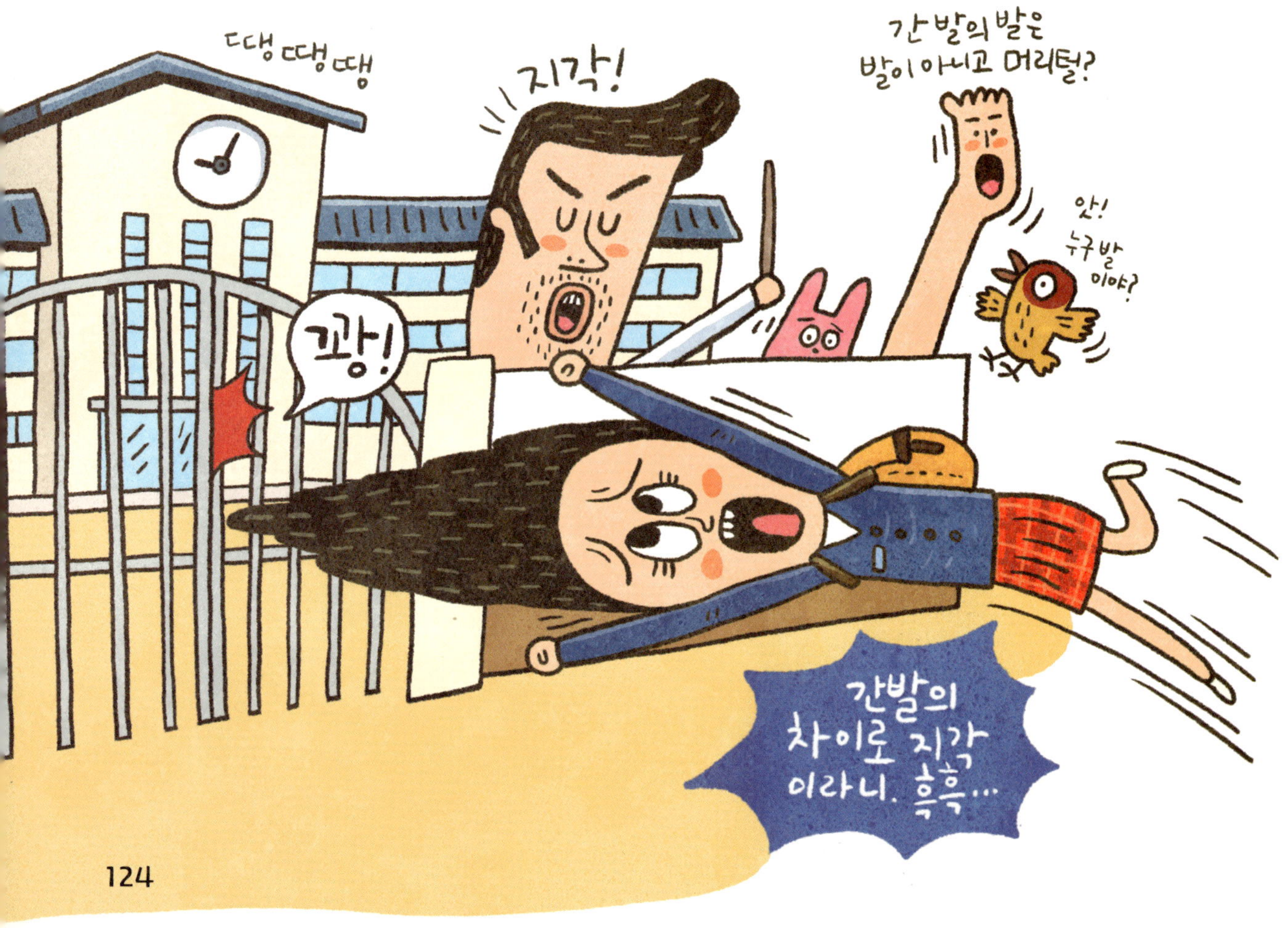

발이 묶이다

추석이라 온 식구가 시골 할아버지 댁에 가는 길이었어요. 고속도로에 차가 어찌나 많은지 그냥 그대로 주차장이 되어 버렸지 뭐예요. 결국, 우리 식구는 도로 위에서 발이 묶여 버렸어요.
발을 묶어 놓으면 어떻게 될까요? 한 발자국도 움직일 수 없겠죠? '발이 묶이다'는 몸을 움직일 수 없거나 일을 할 수 없을 때 사용하는 표현이에요.

발이 묶임

살얼음을 밟듯이

옆집에는 나만 보면 컹컹 짖어 대는 커다란 개가 있어요. 멀리서 사람 발소리만 들려도 사납게 짖어 대는 바람에 옆집을 지날 때면 살얼음을 밟듯이 조심조심 지나가야 해요.
얼음 위를 걸어갈 때면 미끄러질까 봐 신경을 곤두세우고 걷게 되잖아요. 그런데 그냥 얼음도 아니고 얇게 살짝 언 얼음이라니 자칫하다가는 깨져서 물에 빠질 수 있겠지요? 이렇듯 '살얼음을 밟듯이'는 겁이 나서 매우 조심스럽게 다니는 모양을 말해요.

꼬리에 꼬리를 물다

내일은 소풍 가는 날! 얼른 잠들어야 내일이 빨리 오겠죠? 그런데 '내일 날씨가 어떻더라?', '내일 비가 오진 않겠지?', '우산은 챙겼나?' 등 꼬리에 꼬리를 무는 생각 때문에 오히려 말똥말똥, 아무리 애를 써도 잠이 안 와요.

꼬리에 꼬리를 문다는 것은 <mark>끊어지지 않고 계속 이어진다는</mark> 뜻이에요. 꼬리잡기 놀이를 할 때를 생각해 보세요. 앞사람의 꼬리를 잡고 늘어서면 끊어지지 않고 계속 이어지게 되잖아요. 그 모습을 생각하면 뜻이 쉽게 이해되지요?

🟢비 꼬리를 물다, 꼬리를 잇다, 뒤를 물다
🔴반 꼬리를 자르다

뼈만 남다

오랜만에 미국에 계신 외할머니 댁에 갔더니 글쎄 외할머니가 엄마를 보고 뼈만 남았대요. 엄마는 몇 날 며칠 다이어트를 해도 살이 안 빠진다고 야단인데, 도대체 외할머니는 엄마의 어디를 보고 뼈만 남았다고 하시는 건지…….

음식을 오랫동안 못 먹거나 심하게 앓고 나면 살이 쪽 빠져서 뼈가 앙상해 보이잖아요. 그것처럼 '뼈만 남다'는 살은 하나도 없이 <mark>지나치게 말랐다</mark>는 뜻이랍니다.

🟢비 뼈만 앙상하다, 뼈와 가죽뿐이다, 가죽뿐이다
🔴반 몸이 나다

문턱이 닳도록 드나들다

오빠가 피시방을 문턱이 닳도록 드나들더니 글쎄 게임 대회에서 우승했다는 거예요. 이거 좋아해야 하는 걸까요? 말아야 하는 걸까요?
'턱'은 문짝의 밑이 닿는 살짝 올라온 윗부분을 말해요. 이렇게 살짝 올라와 있는 부분이 닳았다는 것은 그만큼 문을 여닫으며 왔다 갔다 매우 자주 드나들었다는 뜻이에요. 문턱을 문지방이라고도 하므로 '문지방이 닳도록 드나들었다'라고도 표현하지요.

🟢비 문지방이 닳도록 드나들다
🔴반 발길을 끊다, 발길이 뜸하다, 발길이 멀어지다

혀를 차다

"쯧쯧, 바지는 다 찢어져서……. 머리카락 색은 왜 이리 노래?" 할머니가 저를 보고서 못마땅한 얼굴로 혀를 차며 말씀하셨어요. 최신 유행 패션인데 할머니는 패션을 몰라요.

여기서 혀를 차는 것은 혀를 공처럼 찼다는 것이 아니에요. '차다'에는 혀끝을 입천장 앞쪽에 붙였다가 떼어 '쯧쯧' 소리를 내다라는 뜻이 있어요. '혀를 차다'는 마음에 들지 않을 때 또는 유감의 뜻을 나타낼 때 사용한답니다.

비 혀끝을 차다, 입이 나오다, 입을 삐죽이다, 인상을 쓰다

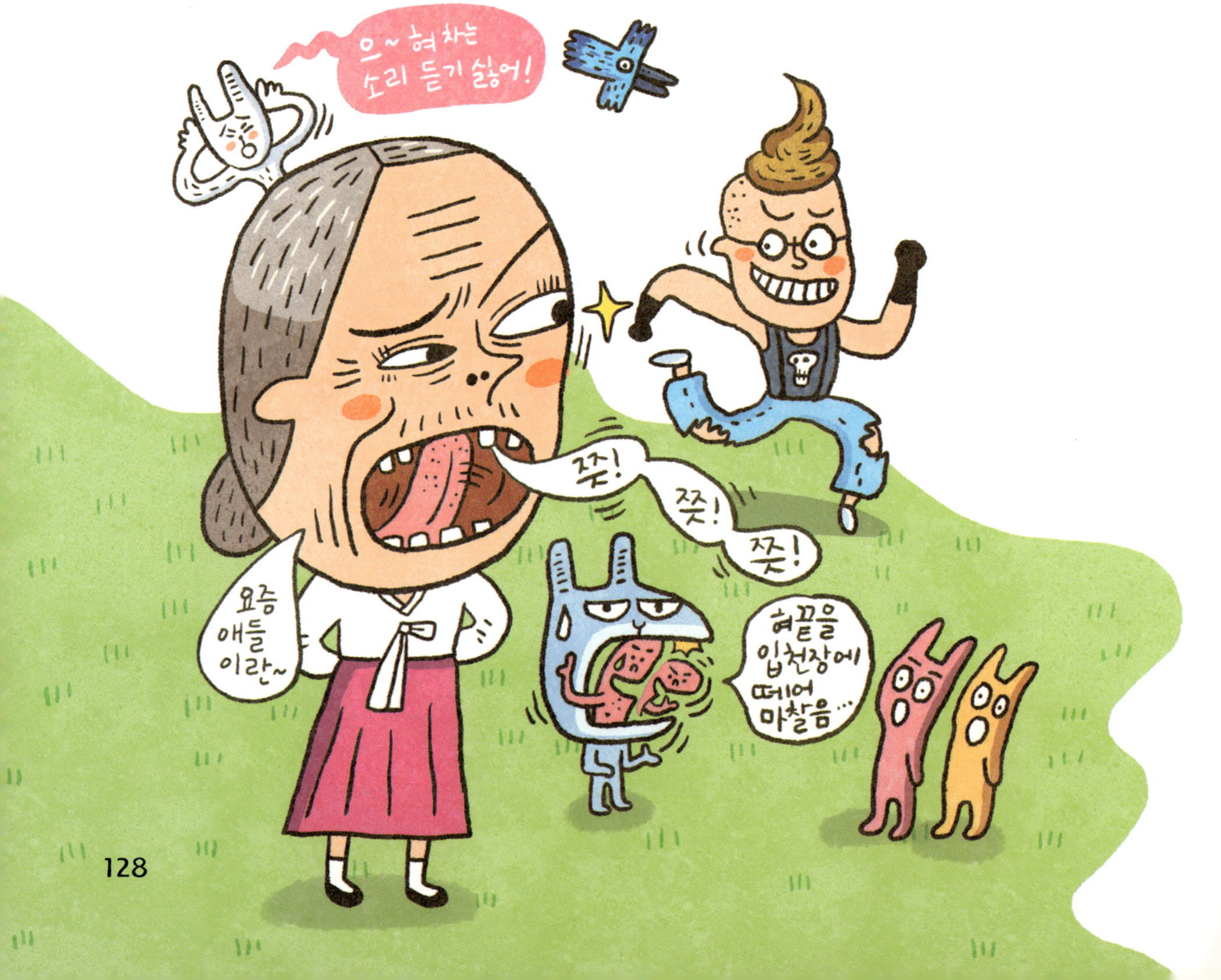

꿀밤을 먹다

꿀밤은 도토리 가루를 주먹으로 꼭꼭 뭉쳐 먹는 떡이에요. 이 떡을 만들려면 가루를 뭉치기 위해 주먹을 꼭 쥐어야 해요. 그래서 그 모양 그대로 머리를 콕 쥐어박으며 가볍게 때리는 것도 꿀밤이라고 하지요.
다들 한두 번씩 꿀밤을 먹은 적 있지요?

눈만 뜨면

"으앙~" 막내가 눈만 뜨면 울어 대는 바람에 엄마는 매일 밤잠도 제대로 못 주무셔요. 엄마가 우유를 들고 달려가도, 장난감으로 놀아 줘도 막내의 울음은 좀처럼 그치지 않아요.
'눈만 뜨면'은 깨어 있을 때면 항상이라는 뜻이에요. 이 말뜻을 알면 늘 휴대 전화만 보는 친구에게 "너는 눈만 뜨면 휴대 전화만 보는구나!"라고 말할 수 있지요.

비 하루가 멀다 하고, 밤낮으로, 시도 때도 없이, 앉으나 서나, 자나 깨나

소가 된 게으름뱅이

작품 속 관용어

땅이 꺼지다 | 속이 타다 | 등을 떠밀다 | 귀가 번쩍 뜨이다 | 코웃음 치다
밑져야 본전 | 손이 맵다 | 밤낮을 가리지 않다 | 한숨 돌리다 | 닭똥 같은 눈물
눈치를 보다 | 정신을 차리다

"돌쇠야, 아직도 자니? 빨리 일어나 나무하러 가야지."

"네."

돌쇠는 알았다고 말만 하고 여전히 이불에서 나오지 않았어요.

돌쇠 엄마는 **땅이 꺼지도록** 긴 한숨을 쉬었어요. 벌써 점심때가 지났는데 돌쇠는 일어날 생각도 없으니까요.

돌쇠는 게으름뱅이 대회에 나가면 1등 할 거예요. 온종일 이불에서 뒹굴기만 하고, 세수하는 것도 귀찮아 눈곱만 대충 떼고 밥을 먹지요. 아니, 어떤 날은 눈곱도 안 떼고 밥만 먹고 그대로 누워 버려요. 돌쇠

엄마는 게으른 아들 때문에 매일매일 속이 탔어요.

　돌쇠는 오늘도 해가 산으로 넘어갈 때가 다 되어서야 일어났어요. 엄마는 지금이라도 나가서 나무를 해 오라며 돌쇠 등을 떠밀었어요. 돌쇠는 어쩔 수 없이 지게를 짊어지고 터벅터벅 집을 나섰어요.

　"아이, 귀찮아. 나도 저기 있는 소처럼 한가롭게 풀이나 뜯으며 살면 좋겠다."

　돌쇠가 슬렁슬렁 꼬리를 흔들며 풀밭에 드러누워 있는 황소를 보고 부러운 듯 말했어요. 그러고는 빈 지게를 옆에 두고 길가에 털썩 주저앉았죠.

　그때, 한 할아버지가 돌쇠에게 다가왔어요. 어깨엔 나무로 만든 탈을 잔뜩 메고 있었어요.

　"이보게 젊은이, 시장에 가려면 어디로 가야 하나?"

　"이 길로 쭉 가면 됩니다."

　돌쇠는 손가락 펴는 것도 귀찮아 턱으로 길을 가리키며 말했어요.

"고맙네. 그런데 내가 옆에서 듣자 하니, 자네는 소가 되고 싶다고? 그렇다면 이 소머리 탈을 써 보게. 이걸 쓰면 진짜 소가 될 수 있다네!"

돌쇠는 소가 될 수 있다는 말에 귀가 번쩍 뜨였어요. 하지만 이내 코웃음을 치며 말했죠.

"에이, 말도 안 되는 소리!"

"말이 되는지 안 되는지 직접 한번 써 보라니까?"

할아버지가 쪼글쪼글 주름이 가득한 얼굴로 싱글벙글 웃었어요. 돌쇠는 밑져야 본전이라는 생각에 얼른 소머리 탈을 뒤집어썼죠.

어? 그런데 이게 웬일? 돌쇠가 정말 순식간에 소가 되어 버렸어요. 돌쇠는 신이 나서 음매 음매 울었어요.

하지만 좋은 것도 잠시, 할아버지는 돌쇠의 코에 코뚜레를 끼우더니 시장으로 질질 끌고 갔어요.

"이 녀석, 소가 되었으면 주인 말을 따라야지! 어서 가자."

할아버지는 끌려가지 않으려고 버둥거리는 돌쇠의 엉덩이를 찰싹

때렸어요. 아니, 소가 된 돌쇠의 엉덩이죠. 어찌나 손이 맵던지 돌쇠는 눈물이 찔끔 났어요.

할아버지는 돌쇠를 농부에게 팔아 버렸어요. 그러면서 농부에게 꼭꼭 당부했죠.

"이 소는 무를 먹으면 죽는다오. 그러니 절대 무밭에는 데려가지 마시오."

결국, 돌쇠는 꼼짝없이 농부에게 끌려가 밤낮을 가리지 않고 일만 해야 했어요. 소가 되면 한가롭게 풀만 뜯으며 살 줄 알았는데 그게 아니었어요. 소가 된 돌쇠는 해가 뜨기도 전에 밭에 나가 일을 해야 했죠. 잠시 한숨을 돌리기라도 하면 농부가 '이랴!' 하며 채찍으로 엉덩이를 때렸어요. 밤에는 춥고 냄새나는 외양간에서 자야 했지요.

'엄마 말도 듣지 않고 게으름을 피워 벌을 받나 보구나. 흑흑!'

돌쇠는 게으름만 피웠던 지난날을 후회하며 닭똥 같은 눈물을 뚝뚝 흘렸어요.

'이렇게 사느니 차라리 무를 먹고 죽는 것이 낫겠어!'

소가 된 돌쇠는 풀을 뜯는 척하며 눈치를 보다가 농부가 잠시 한눈파는 사이에 무밭으로 뛰어갔어요. 할아버지가 농부에게 신신당부했던 말이 생각났거든요.

"아이고, 저놈의 소가 미쳤나!"

나무 그늘 아래서 잠시 쉬고 있던 농부가 껑충껑충 뛰어가는 소를 보고 소리치며 따라왔어요. 그럴수록 돌쇠는 더 있는 힘껏 뛰었죠. 그리고 무작정 와작와작 무를 뽑아 먹었어요.

그런데 이건 또 무슨 일이래요? 돌쇠가 정신을 차리고 보니 어느새 사람으로 되돌아와 있는 거예요.

"어? 내가 다시 사람이 되었다! 내가 사람이 되었어!"

돌쇠는 기뻐서 덩실덩실 춤을 추었어요. 그 모습을 본 농부는 깜짝 놀라 뒤로 나자빠졌죠.

그 후, 집으로 돌아간 돌쇠는 다시는 게으름을 피우지 않고 누구보다 부지런하게 살았대요.

여러분도 오늘 해야 할 일을 내일로 미루면서 뒹굴뒹굴 텔레비전만 보고 있지 않은가요? 혹시 돌쇠처럼 빨리 일어나라는 잔소리를 서너 번 들어야 겨우겨우 일어나는 건 아니죠? 엉뚱한 꾀를 부리다가 후회하지 말고 얼른 일어나 해야 할 일을 부지런히 실천하세요.

땅이 꺼지다

"골인, 와! 골인이다." 아빠와 함께 축구 경기를 보던 어진이가 팔짝팔짝 뛰며 좋아했어요. 경기 시작 20분 만에 우리 선수가 골을 넣었거든요. 그런데 어찌 된 일인지 아빠가 땅이 꺼져라 한숨을 쉬셨어요. 그리고 말씀하셨죠.
"어휴, 어진아, 그건 자살골이야."
'땅이 꺼진다'는 말은 한숨을 깊이 쉬어 땅이 내려앉아 무너질 정도라는 뜻이에요. 과장된 표현이기는 하지만 참 재미있는 생각이죠?

속이 타다

선생님께서 갑자기 숙제 검사를 하신대요. 그런데 어쩌지요? 깜빡하고 숙제하는 걸 잊어버렸지 뭐예요. 선생님께서 점점 내 자리 쪽으로 가까워질 때마다 점점 속이 타들어 가요.
'속'은 사람의 마음속을 얘기해요. '타다'라는 말은 정말 불이 붙어 검게 그을리는 게 아니라 마음이 뜨거워지거나 조급해진다는 의미로 쓰여요. 걱정되어 가슴이 쿵쾅쿵쾅 뛰고 조마조마한 마음이 들 때 '속이 타다'라고 해요.

🔵 애가 타다, 가슴이 타다

등을 떠밀다

"며칠 후면 학예회인데 우리 반을 대표해서 나갈 사람?" 하고 선생님께서 물으니 "승희가 바이올린을 잘 켜니까 추천합니다." 아뿔싸! 원이가 제 등을 살짝 밀치며 추천을 하는 거예요. 나는 나가기 싫은데……. 뒤에서 앞사람의 등을 떠밀면 어떻게 될까요? 가만히 있으려고 해도 어쩔 수 없이 밀려가게 되죠. 이처럼 원하지 않는 일을 억지로 시키거나 부추기는 것을 두고 '등을 떠밀다'라고 말해요.

귀가 번쩍 뜨이다

"하연아, 할머니 댁에 저녁 먹으러 가자." 엄마의 재촉에도 못 들은 척 휴대 전화만 하며 뒹굴고 있을 때였어요. "할머니가 네 생일이라고 용돈 주신대." 앗! 용돈! 귀가 번쩍 뜨이더니 저절로 벌떡 일어나게 되더라고요.

'뜨이다'라고 하면 감았던 눈을 뜨는 것만 생각하는데, 귀가 활짝 열려 무언가를 듣게 되는 것도 '귀가 뜨이다'라고 해요. 여기에 '번쩍'이 붙으면 들리지 않던 것이 갑자기 들리게 된 것이니, 어떤 소리에 마음이 끌려 관심을 갖게 되었다는 뜻이 된답니다.

비 귀가 솔깃하다, 귀가 쏠리다, 귀에 들어오다
반 그러거나 말거나, 나 몰라라 하다

코웃음 치다

"넌 다리가 그것뿐이냐? 난 여덟 개나 되는데." 거미가 장수풍뎅이를 보고 가소롭다는 듯 비웃었어요. 그러자 옆에 있던 지네가 "흥, 번데기 앞에서 주름잡고 있네. 내 다리 좀 보고 말하시지!" 하며 코웃음을 쳤지요. 어이가 없거나 말도 안 되는 이야기를 들으면 나도 모르게 '흥' 하는 소리부터 나올 때가 있어요. 그때 코로 바람도 나가고 입꼬리도 살짝 올라가서 꼭 웃는 모습처럼 되지요. 물론 비웃음이지만 말이에요. 이렇듯 남을 깔보거나 비웃는 것을 두고 '코웃음 치다'라고 한답니다.

밑져야 본전

"한 판 더 해!" 딱지를 다 잃은 형진이가 씩씩거리며 다시 도전하겠대요. 나야 좋지요. 어차피 다 형진이한테 딴 거라서 밑져야 본전이니까 말이죠.

'밑지다'는 손해를 본다는 뜻이에요. '본전'은 내가 처음에 가지고 있던 돈을 말하고요. 그러니까 '밑져야 본전'은 손해를 봤는데도 내가 처음에 가지고 있던 돈은 그대로라는 말이니 결국, 잘못되어도 손해 볼 것이 없다는 의미지요.

손이 맵다

"야! 정우혁!" 친구가 나를 부르며 등을 슬쩍 때렸는데 '철썩' 하는 소리가 났어요. 어찌나 아프던지 꼭 매운 고추를 먹은 것처럼 오랫동안 알알하고 눈물이 찔끔 났지요. 이렇게 손으로 슬쩍 때려도 몹시 아픈 경우에 '손이 맵다'라는 표현을 사용해요. '맵다'에는 사납고 독하다는 뜻도 있기 때문이에요.

비 손끝이 맵다, 손때가 맵다

밤낮을 가리지 않다

우리 반 영지는 소문난 몸치예요. 영지가 추는 춤은 모두 로봇이 추는 것처럼 보이죠. 그런데 그런 영지가 어쩐 일인지 어려운 웨이브까지 완벽하게 추는 것 있죠? 밤낮을 가리지 않고 연습한 결과라나요?
사람들은 대체로 밤에는 쉬고, 낮에는 일을 해요. 하지만 내가 좋아하는 것을 할 때는 밤이고 낮이고 계속하게 되지요. 그때처럼 밤과 낮의 구별 없이 쉬지도 않고 계속할 때 '밤낮을 가리지 않다'라고 말해요.

비 밤낮이 따로 없다

한숨 돌리다

산더미 같은 숙제를 이제 막 끝냈어요. 이제야 한숨을 돌리게 된 것이죠. 사실 한숨은 '휴~' 하고 크게 내쉬는 숨 말고도 잠깐의 휴식을 뜻하기도 해요. 그래서 '한숨 돌리다'는 어려운 일을 끝내고 잠깐의 휴식이나 여유를 갖는다는 말이에요.

비 마음을 놓다, 한숨 놓이다

닭똥 같은 눈물

선생님께 불려가 혼나고 있을 때, 갑자기 닭똥 같은 눈물이 툭! 나도 모르게 굵은 눈물방울이 떨어지는 경우가 있어요. 혹시 닭똥이 떨어지는 모양을 본 적이 있나요? 닭똥은 약간 물렁물렁한 상태 그대로 툭 하고 땅에 떨어져요. 우리 조상들은 이 모양을 보고 눈물이 툭 떨어지는 모양과 닮았다고 생각했나 봐요. 그래서 <mark>눈물이 가득 고였다가 툭 하고 떨어지는 것</mark>을 '닭똥 같은 눈물'이라고 표현했죠.

눈치를 보다

엄마가 몹시 화가 나셨을 때는 특히 눈치를 잘 봐야 해요. 안 그랬다가는 엄청난 잔소리를 듣게 될 테니까요. '눈치'는 그때그때 상황을 보고 다른 사람의 마음을 알아내는 것을 말해요. 선생님이 잔뜩 화가 난 상황에서 선생님 마음도 모르고 까부는 친구를 눈치가 없다고 하잖아요? 그러니 눈치를 본다는 것은 <mark>다른 사람의 마음과 태도가 어떤지 살핀다</mark>는 뜻이에요.

 눈치를 살피다

정신을 차리다

공부 시간, 좋아하는 친구와 놀러 가는 상상을 하며 멍하게 있다가 정신을 차리면 어느새 다음 장으로 넘어가 있을 때가 있지요? 그럴 때면 선생님께서 "또 정신 못 차리네."라며 핀잔을 주기도 하지요.

음식을 준비하고 밥상을 차릴 때도 '차리다'라는 말을 사용하지만, 기운을 되찾는 것도 '차리다'라는 표현을 써요. 힘이 없이 축 처져 있는 친구에게 '기운 차려!'라고 말하는 것처럼 말이에요. ==잃었던 정신을 되찾았을 때==도 '정신을 차리다'라고 하지요.

🟢 비 정신이 나다, 정신이 들다
🔴 반 정신이 빠지다

어리석은 도깨비

작품 속 관용어
똥구멍이 찢어지다 | 간이 떨어지다 | 밑도 끝도 없다 | 머리털이 곤두서다
꿈에도 생각지 못하다 | 소리 소문도 없이 | 시치미를 떼다 | 골탕 먹이다
무릎을 치다 | 잔머리를 굴리다 | 한술 더 뜨다 | 손이 모자라다 | 웬 떡이냐

    옛날 옛날에 **똥구멍이 찢어지게** 가난한 농부가 살고 있었어요. 농부는 남의 집 일을 해 주면서 겨우겨우 먹고살았지요.
    "내일도 아침 일찍 일을 나가야 하니 이제 자야겠다."
    농부는 일찌감치 불을 끄고 누웠어요. 그때, 밖에서 웬 사내 목소리가 들렸어요.
    "계시오?"
    농부는 문고리를 붙잡고 살짝 밖을 내다보다가 **간이 철렁 떨어지는** 줄 알았어요. 헝클어진 머리 위로 뿔 하나가 삐죽 솟아 있는 도깨비였

거든요. 도깨비는 밑도 끝도 없이 돈을 빌려 달라고 졸랐어요.

"내일 꼭 갚을 테니 다섯 냥만 빌려주시오."

농부는 두려움에 떨면서 집에 있는 돈을 탈탈 털어 다섯 냥을 휙 집어 던졌어요. 그러고는 냉큼 문을 닫아 버렸지요.

다음 날 저녁, 농부는 해가 지자마자 문을 걸어 잠갔어요. 하지만 그렇다고 도깨비가 못 들어올 리가 있나요.

"계시오?"

도깨비 목소리에 농부는 머리털이 곤두서고 심장이 벌렁거렸어요.

이제 빌려줄 돈도 없는데 어쩌나 싶어 울상이 되었지요. 그런데 꿈에도 생각지 못한 일이 벌어졌어요.

"어제 빌린 돈 여기 있수!"

"쨍그랑!"

마루에 돈 떨어지는 소리가 들리더니 도깨비가 소리 소문도 없이 사라져 버린 거예요.

그런데 이게 웬일이래요? 다음 날도 또 그 다음 날도, 도깨비는 빌린 돈이라며 다섯 냥씩 꼬박꼬박 던져 놓고 가지 않겠어요? 농부는 이제 도깨비가 하나도 무섭지 않았어요. 오히려 시치미를 뚝 떼고 앉아서 넙죽 돈을 받았지요.

농부는 도깨비 덕분에 밭도 사고, 집도 사고, 부자가 되었어요.

농부와 어리석은 도깨비 이야기는 온 동네에 퍼졌어요.

"자네, 멍텅구리 도깨비 얘기 들었나?"

"알지! 빌려 간 돈은 한 번만 갚으면 되는데 매일 돈을 갚는다는 그 도깨비 말이지? 허허!"

사람들의 말을 듣고 도깨비는 머리끝까지 화가 났어요.

"뭐? 그런데도 아무 말 없이 내 돈을 받았단 말이야? 이 녀석이 나를 웃음거리로 만들었겠다!"

도깨비 코에서 콧김이 씩씩 나오고 얼굴색이 붉으락푸르락, 눈알이 툭 튀어나왔어요. 도깨비는 어떻게 하면 농부를 골탕 먹일 수 있을까 곰곰이 생각했어요.

"옳지! 그러면 되겠구나."

도깨비가 기가 막힌 생각이 난 듯 무릎을 탁 쳤어요.

다음 날, 밭에 나간 농부는 깜짝 놀랐어요. 어제까지 멀쩡하던 밭에 돌멩이와 자갈이 잔뜩 깔려 있었거든요. 농부는 도깨비짓이란 것을 금방 눈치챘어요.

"아이고, 세상에! 누가 이렇게 귀한 자갈을 잔뜩 모아 놓았을까? 이제 자갈 덕분에 홍수가 나도 끄떡없겠구나! 하하!"

농부는 잔머리를 굴려 도깨비 들으라는 듯 일부러 큰 소리로 웃었어요. 그리고 한술 더 떠서 덩실덩실 춤까지 추며 말했죠.

"밭에다 냄새나는 소똥을 가져다 놓았으면 큰일 날 뻔했네."

멀리 숨어서 농부를 지켜보던 도깨비는 땅을 치며 후회했어요.

"내가 괜히 저 녀석 좋은 일만 시켰군. 치! 두고 봐라."

다음 날 아침, 밭을 본 농부는 웃음이 나오는 걸 억지로 참았어요. 가뜩이나 농사지을 **손이 모자라**는데 밭 한가득 소똥 거름이 뿌려져 있으니 이게 **웬 떡이냐** 싶었지요. 하지만 농부는 땅바닥에 털썩 주저앉아 엉엉 우는 흉내를 냈어요.

"아이고, 난 망했네! 더러운 똥이 밭에 가득하니 이를 어쩌면 좋아?"

어리석은 도깨비는 자기가 농부에게 속은 줄도 모르고 통쾌한 듯 뿌듯한 얼굴을 하고 돌아갔어요. 그 해, 농부네 밭은 도깨비가 뿌려 준 소똥 거름 덕분에 풍년이 들었답니다.

세상을 살다 보면 어려운 일도, 예상하지 못한 일도 무수히 겪게 된답니다. 그럴수록 당황하지 말고 침착하게 지혜를 발휘해 보세요. 도깨비를 만난 농부처럼 말이에요. 불만 가득한 얼굴로 불평만 늘어놓는다면 어쩌면 잘될 일도 안 될 수 있지 않을까요?

똥구멍이 찢어지다

할아버지가 또 젊은 시절 무용담을 늘어놓기 시작했어요. "옛날에는 똥구멍이 찢어지게 가난해서 전은커녕 기름 냄새도 맡지 못했지."
맞아요. 옛날에는 먹을 것이 없어 잘 먹지도 잘 싸지도 못했어요. 또 쌀을 구하기 어려워 나무껍질이나 풀뿌리를 삶아 먹곤 했지요. 그러면 똥이 단단하게 굳어서 똥을 쌀 때 똥구멍이 찢어지기도 했대요. 이처럼 '똥구멍이 찢어지다'는 가난하다는 말과 짝을 이뤄서 몹시 가난한 살림살이를 비유적으로 이르는 말이 되었답니다.

비 가랑이가 찢어지다
반 배를 두드리다

간이 떨어지다

집에 아무도 없이 혼자 있으니 무섭기도 해요. 그런데 하필 갑자기 바람이 불면서 방문이 쾅! 닫히는 거예요. 어휴~ 간 떨어지는 줄 알았다니까요.
깜짝 놀랐을 때, 가슴에서 뭔가 '쿵' 하고 떨어지는 것 같은 느낌을 받은 적이 있을 거예요. 이처럼 간이 떨어질 만큼 놀랐을 때 '간이 떨어지다'라고 해요.

비 애 떨어질 뻔하다, 가슴이 내려앉다, 가슴이 철렁하다

밑도 끝도 없다

교실 청소를 하고 있는데 주혁이가 씩씩거리면서 밑도 끝도 없이 "너 내 가방 어디다 숨겼어?"라고 따지는 거예요. 와, 이렇게 억울할 데가 있나요? 알고 보니 종혁이가 숨겨 두고 장난을 친 거였죠. 하마터면 싸움이 날 뻔했다니까요.

'밑도 끝도 없다'는 것은 시작되는 부분도 끝나는 부분도 없이 본론만 말하는 것을 이야기해요. 앞뒤 상황과 관계없는 말을 불쑥 꺼내서 갑작스럽다는 말이지요. 주로 '밑도 끝도 없이'라고 표현한답니다.

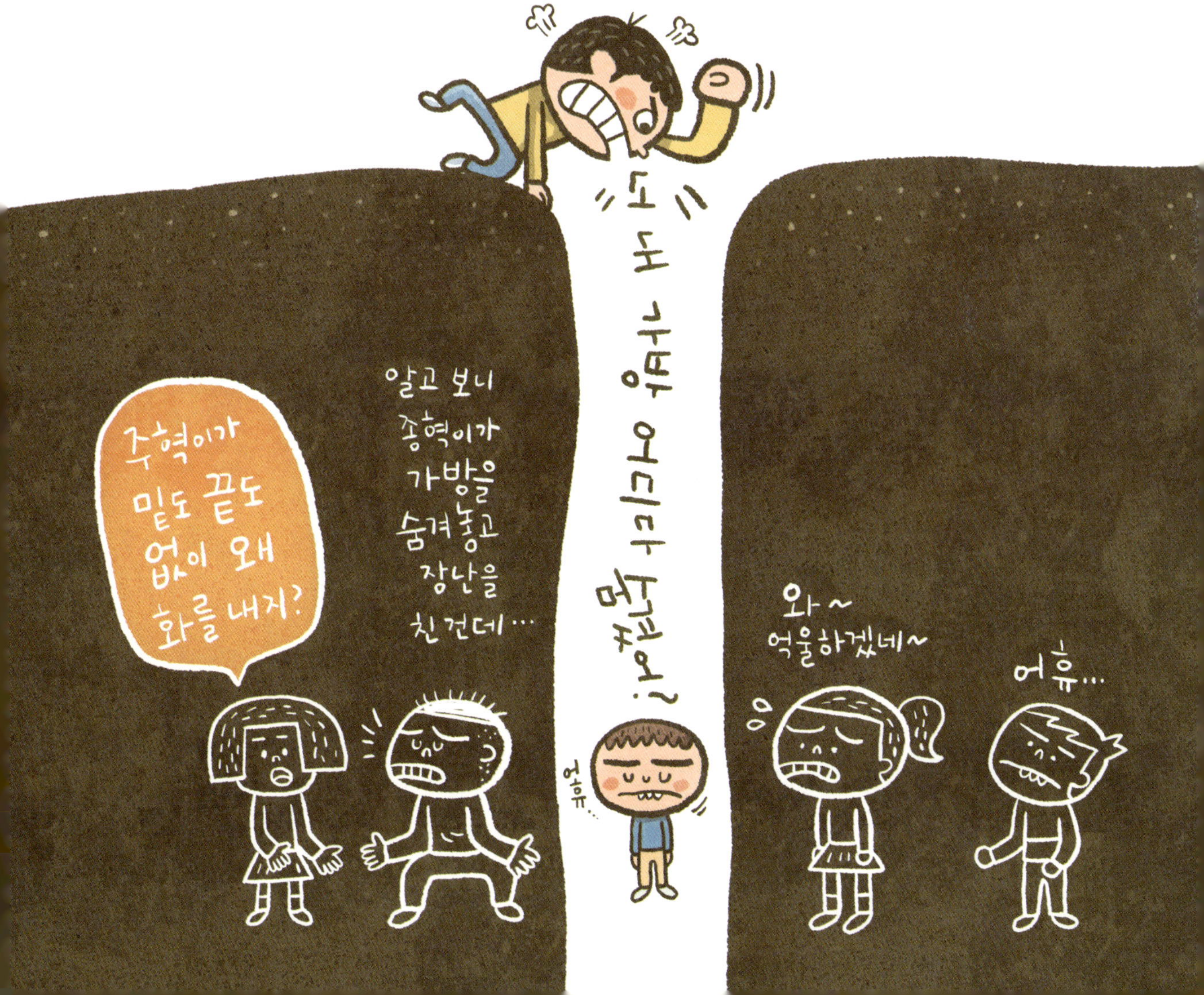

머리털이 곤두서다

잠을 자려고 누웠는데 누나가 귀신 이야기를 시작했어요. "그래서 우물 안에서 아기 울음소리가 들리는데……." 때마침 창밖에서 "응애" 하고 갓난아이 우는 소리가 들렸어요. 순간 머리털이 곤두서고 소름이 쫙 돋았지요. 사실 그건 창밖에 있던 고양이 울음소리였지만요.

<u>무섭거나 놀라서 긴장될 때</u> '머리털이 곤두서다'라고 해요. 사람이 공포를 느끼면 근육이 수축하고 작은 솜털들이 꽉 조여지면서 곤두선대요. 참! 머리털은 머리카락, 머리칼과도 같은 말이라서 '머리카락이 곤두서다', '머리칼이 곤두서다'라고 말하기도 한답니다.

비 머리카락이 서다, 머릿발이 서다
반 눈썹도 까딱하지 않다, 태연하다

꿈에도 생각지 못하다

"해리야, 이거 받아." 우리 반 인기 짱인 찬호가 해리에게 고백 편지를 줬어요. 이럴 수가! 믿을 수가 없어서 한동안 멍하니 있었어요. 이건 꿈에도 생각지 못했던 일이니까요.

'꿈에도 생각지 못하다'는 말은 <mark>전혀 생각하지 못했다</mark>는 뜻이에요. 꿈속에서조차 상상할 수 없었다는 것으로 예상치 못한 뜻밖의 일을 당했을 때 사용하는 표현이지요.

🔵 비 꿈도 못 꾸다, 꿈밖이다, 귀를 의심하다

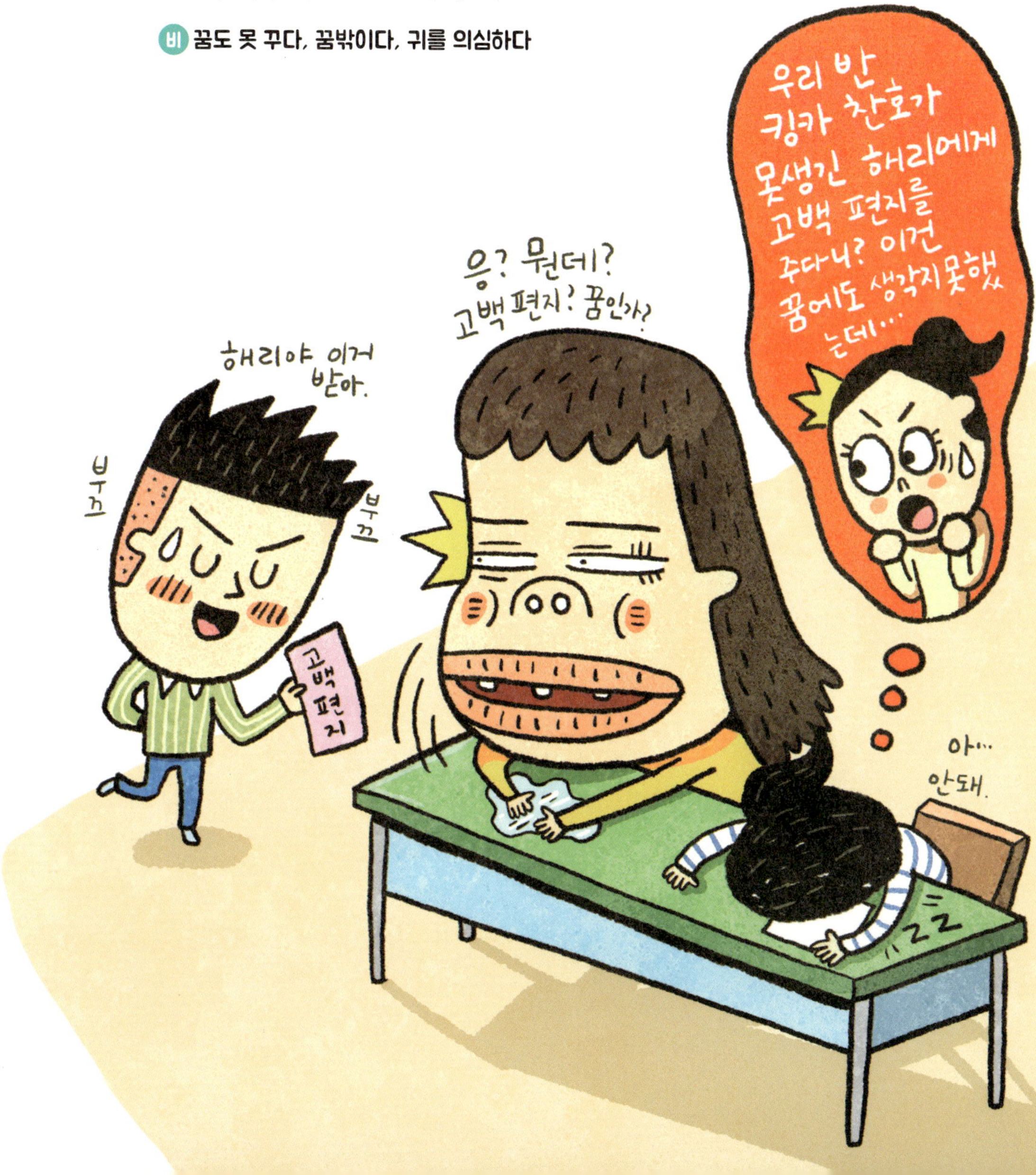

소리 소문도 없이

청소 끝나고 같이 집에 가자고 했던 민영이가 분명히 교실 앞에서 기다린다고 했는데……. 청소가 끝나고 나와 보니 소리 소문도 없이 사라져 버렸어요.

어디로 가겠다는 소리도 없고 어디로 갔다는 소문도 없으면 친구가 어디 있는지 알 수가 없겠지요? 이렇듯 '소리 소문도 없이'는 다른 사람이 알지 못하게 슬그머니라는 뜻으로 쓰여요.

 귀신도 모르다, 온다 간다 말없이

시치미를 떼다

공부 시간에 누가 뒤에서 옆구리를 쿡 찔러요. 휙 뒤돌아 승태를 째려봤죠. 뒤에 앉아 있는 승태가 그랬다는 것 다 아는데, 무슨 일이냐는 듯 시치미를 뚝 떼지 뭐예요!

시치미는 우리 조상들이 사냥을 위해 기르던 매에게 붙였던 이름표 같은 거예요. 사람들은 이 시치미를 보고, 누구의 매인지 알아보았죠. 그런데 남의 매를 탐내던 사람들이 시치미를 슬그머니 떼어 버리고 자기 매인 양 가지기도 했대요. '시치미를 떼다'는 여기서 유래된 말로 자기가 하고도 안 한 체하거나 알고도 모르는 체할 때 사용해요.

 시침을 떼다, 오리발을 내밀다, 입을 닦다

교과서 수록

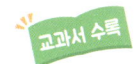

골탕 먹이다

"어디 한번 당해 봐, 누나!" 현수가 장난으로 콜라병에 간장을 담아 놨어요. 그것도 모르고 엄마가 컵에 따라 마셨다가 "푸!" 누나 골탕 먹이겠다고 장난쳤다가 엄마한테 된통 혼이 났어요.

'골탕'은 한꺼번에 당하는 손해나 곤란을 말해요. 그럼 '골탕 먹이다'는 **상대방에게 크게 손해를 입히거나 곤란을 겪게 하다**는 뜻이겠지요?

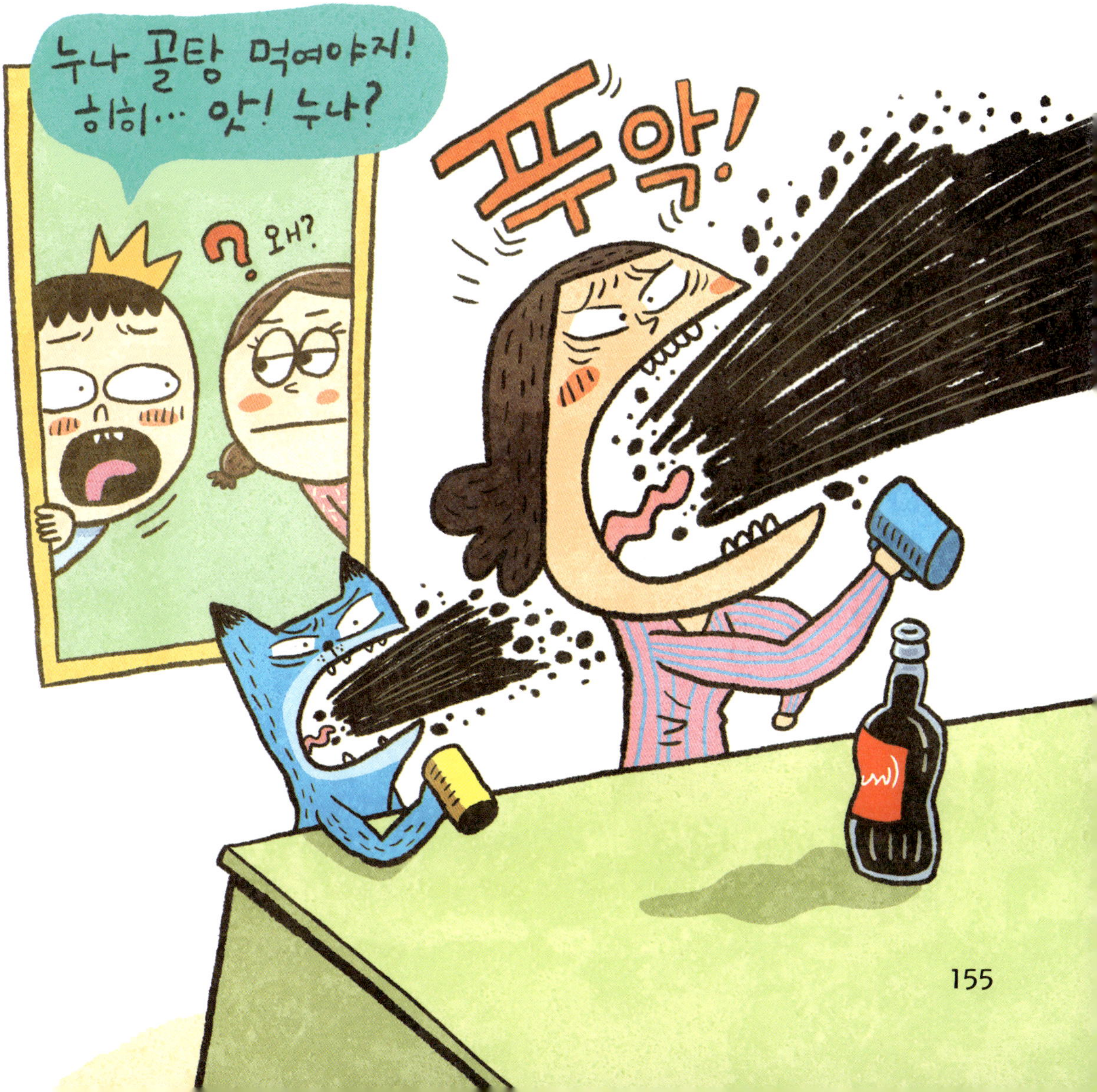

교과서 수록

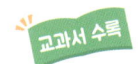

무릎을 치다

"고기를 먹을 때마다 따라오는 개는?" 동생이 퀴즈를 냈는데 알 듯 말 듯 생각이 안 나요. "엄마가 과일 찍어 먹으라고 주시기도 하는데." 동생이 힌트를 주니 그제야 생각이 나지 뭐예요. "아하! 이쑤시개!" 나는 무릎을 탁 쳤어요. **갑자기 놀라운 사실을 알게 되었거나 희미한 기억이 되살아날 때** "아하!" 하며 무릎을 탁 치지요.

반 머리를 싸매다, 골머리를 쓰다

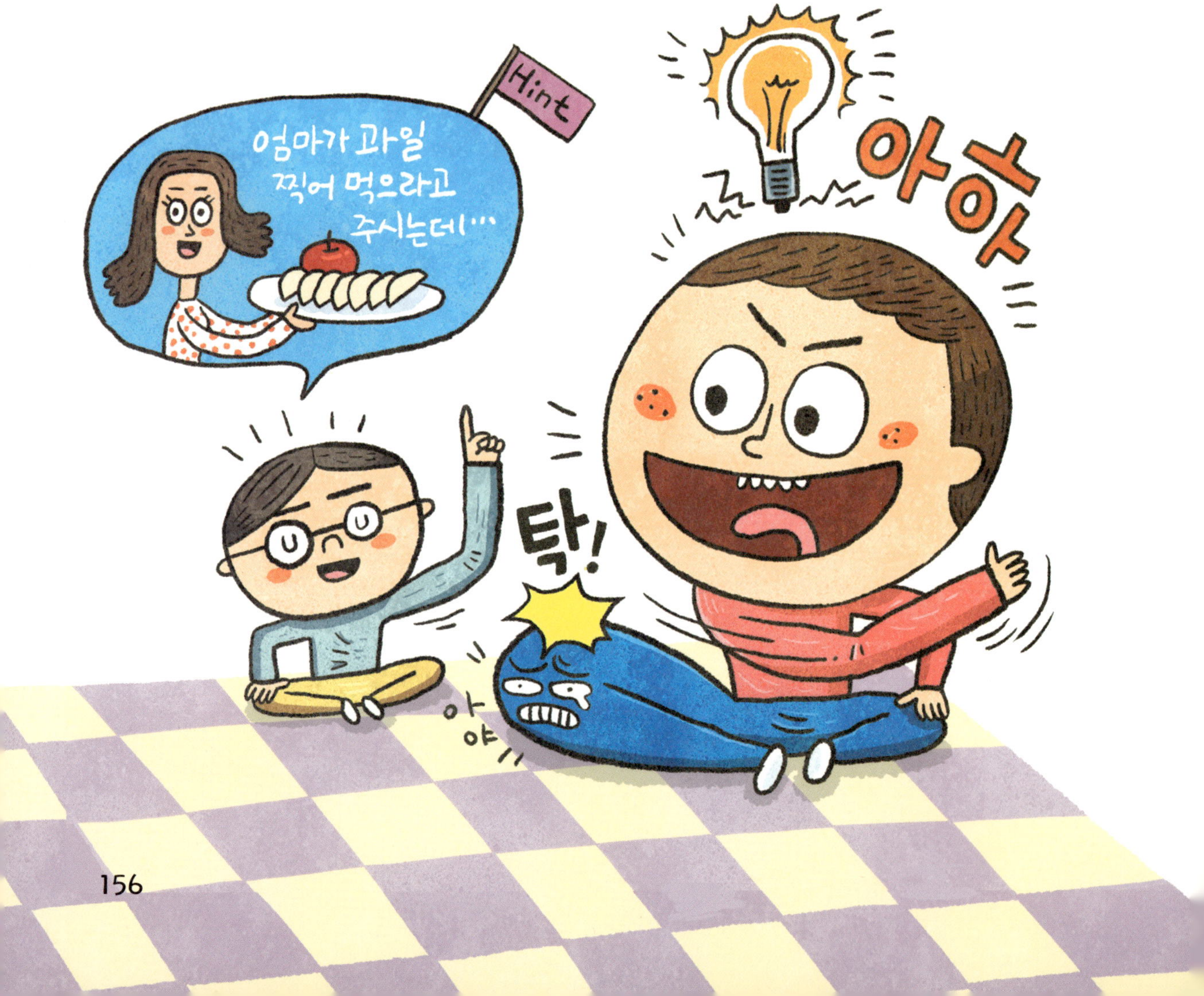

잔머리를 굴리다

"김진태! 이거 엄마 사인 맞아?" "네." 선생님 눈치를 슬쩍 보고 맞다고 우겼어요. "그런데 왜 엄마 사인이 날마다 바뀌니?" 선생님이 지난번 엄마 사인을 보여 주며 시험지를 흔들어 보이셨어요. 괜히 잔머리 굴리다가 망신만 당했어요. 머리를 써서 해결 방법을 생각해 낼 때는 '머리를 굴리다'라고 해요. 그런데 약은 수를 써서 잔꾀를 생각해 낼 때는 '잔머리를 굴리다'라고 말하지요.

한술 더 뜨다

동생이 까불어도 귀엽다고 봐줬더니 이 녀석이 아주 한술 더 떠서 이름까지 함부로 부르지 뭐예요? 이제 더는 봐주면 안 되겠어요. 형님의 위엄을 보여야지!

'한술'은 숟가락으로 한 번 뜬 음식을 말해요. '한술 뜨다'는 한 숟가락을 뜬 것이니 밥을 먹는다는 의미가 되지요. 그런데 여기에 '더'가 붙으면 부정적인 뜻으로 변해서 정도가 지나치다는 뜻이 돼요. 그러니까 '한술 더 뜨다'는 이미 잘못된 일에서 한 발짝 더 나아가 엉뚱한 짓을 한다는 의미가 되지요.

손이 모자라다

"배추도 씻어야 하고, 마늘도 까야 하고, 양념장도 만들어야 하고! 바쁘다, 바빠!" 엄마가 김장 준비로 한창 바쁘신 것 같아 엄마를 도와 마늘을 깠어요. 엄마는 "마침 손이 모자랐는데 이렇게 예쁜 짓을?" 하며 좋아하셨죠. 매운 마늘 때문에 눈물이 찔끔 났지만, 기분은 좋았어요.

'손이 모자라다'에서 말하는 '손'은 일하는 사람을 뜻하는 일손이라고 봐야 해요. 그러니까 이 말은 할 일이 많아서 일손이 모자란다는 뜻이지요.

비 손이 달리다, 손이 부족하다

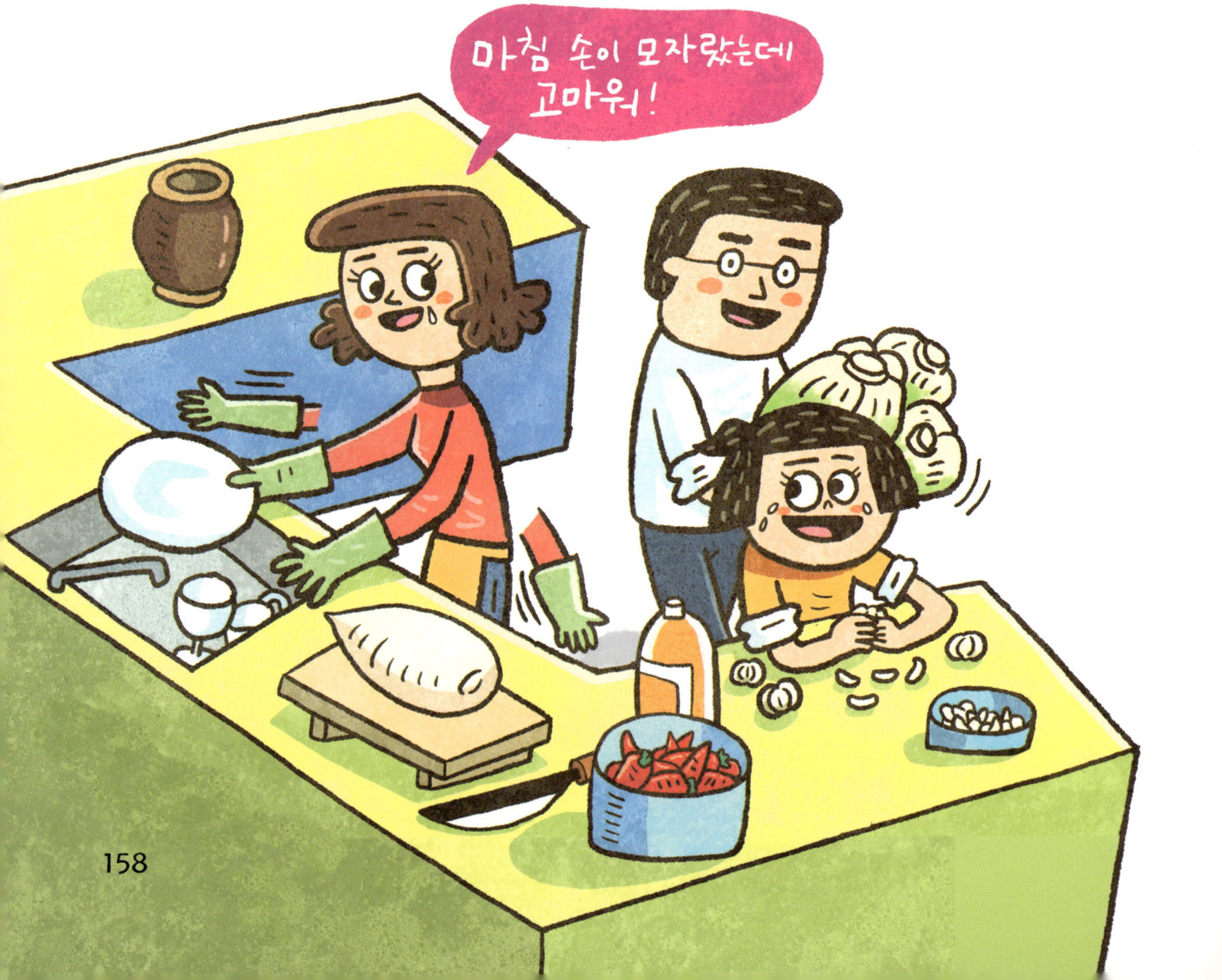

웬 떡이냐

"빨래 내놓을 때 그냥 내놓지 말고 주머니에 뭐가 있는지 보고 내놔!" 윽! 엄마의 잔소리. 어쩔 수 없이 바지 주머니를 뒤지는데 꾸깃꾸깃 접혀 있는 천 원짜리가 나오지 뭐예요? "와! 이게 웬 떡이냐!" 이럴 때는 횡재한 기분이라니까요. 이처럼 뜻밖의 행운이나 횡재를 만났을 때 '웬 떡이냐'라는 말을 사용한답니다.

성 **어부지리**(漁夫之利: 고기 잡을 **어**, 지아비 **부**, 어조사 **지**, 이로울 **리**)
: 두 사람이 싸우는 바람에 엉뚱한 사람이 이익을 얻게 되었다는 뜻

콩쥐 팥쥐

작품 속 관용어 트집을 잡다 | 입이 떨어지지 않다 | 약 올리다 | 손발이 맞다 | 손이 빠르다
눈 깜짝할 사이 | 발을 구르다 | 어깨가 처지다 | 눈살을 찌푸리다 | 열을 올리다
꿈도 야무지다 | 콧방귀를 뀌다

콩쥐 어머니는 콩쥐가 어렸을 때 돌아가셨어요. 아버지도 새어머니와 결혼하고 얼마 있지 않아 돌아가셨죠. 콩쥐는 졸지에 미운 오리 신세가 되고 말았어요.

"콩쥐야! 빨래 다 해 놓으면 산에 가서 나무도 해 오거라."

콩쥐의 새어머니는 콩쥐에게만 힘든 집안일을 잔뜩 시켰어요.

"야, 콩쥐! 옷이 다 구겨졌잖아. 이걸 어떻게 입어?"

새어머니가 낳은 동생, 팥쥐도 사사건건 트집을 잡으며 콩쥐를 못살게 굴었죠.

하루는 마을에서 큰 잔치가 열렸어요. 고을 원님이 마을 사람 모두를 초대했어요. 새어머니와 팥쥐는 아침부터 고운 옷을 차려입고, 분가루를 잔뜩 바르며 콧노래를 불렀어요. 콩쥐도 잔치에 가고 싶었지만 차마 입이 떨어지지 않았어요.

그런데 이게 어쩐 일이래요? 새어머니가 먼저 콩쥐에게 잔치에 가도 된다고 허락을 하는 거예요.

"단! 아홉 칸 방을 다 쓸고, 벼 다섯 섬을 찧어 놓고 오거라."

"밑 빠진 항아리에 물도 가득 채워 놓고! 호호호."

그러면 그렇죠. 새어머니와 팥쥐는 콩쥐 약 올리는 데 손발이 척척 맞았어요. 둘은 킬킬 웃어 대며 신이 나서 집을 나섰어요.

콩쥐는 잔치에 가고 싶어 후다닥 청소를 시작했어요. 어찌나 손이 빠른지 아홉 칸 방을 금방 깨끗하게 쓸고 닦았지요. 하지만 마당에 널

려 있는 벼 다섯 섬을 보는 순간, 기운이 쭉 빠졌어요.

그때 참새 한 마리가 포르르 날아와 콩쥐 무릎에 앉았어요.

"콩쥐야, 콩쥐야. 무슨 근심이 있니?"

"응, 잔치에 가고 싶은데 벼 다섯 섬을 다 찧어 놓고 오래."

"그럼, 내가 도와줄게!"

참새가 나무 위로 날아가 친구들을 짹짹 부르자 참새 떼가 포르르 날아왔어요. 참새들은 눈 깜짝할 사이에 벼 껍질을 까 놓았죠.

이제 물 항아리만 채우면 잔치에 갈 수 있어요. 그런데 구멍 난 항아리는 물을 부어도 부어도 도무지 채워지지 않았어요. 콩쥐는 속이 상해서 발만 동동 굴렸지요. 그때였어요.

방석만 한 두꺼비가 콩쥐에게 말을 걸어 도와주겠다고 하였어요. 그러고는 엉금엉금 구멍 난 곳에 들어가 앉았지요. 두꺼비 덕분에 콩쥐는 물 항아리를 채울 수 있었어요.

하지만 콩쥐는 문을 나서려다 말고 다시 어깨가 축 처졌어요. 낡아 빠진 옷을 입고 잔치에 가려니 울상이 될 수밖에요.

"콩쥐야, 콩쥐야. 무슨 근심이 있니?"

콩쥐 앞에 예쁜 선녀님이 나타났어요. 깜짝 놀란 콩쥐가 아무 말도 못하자 선녀님은 살며시 미소를 짓더니 콩쥐 앞에 비단옷과 꽃신을 남겨 두고 사라졌어요.

콩쥐는 예쁜 옷을 곱게 차려입고 마을 잔치에 갔어요. 콩쥐가 나타나자 새어머니와 팥쥐는 깜짝 놀라며 눈살을 잔뜩 찌푸렸어요.

"네까짓 게 어디라고 여길 오니? 당장 집으로 가지 못해?"

새어머니와 팥쥐가 콩쥐를 쫓아냈어요. 콩쥐는 눈물을 뚝뚝 흘리며 집으로 돌아왔어요. 속상한 마음에 비단 꽃신이 벗겨지는 줄도 모르고 말이에요.

때마침 원님이 길가에 떨어진 비단 신발을 보았어요.

"이렇게 귀한 신발을 잃어버리다니……. 당장 주인을 찾아야겠다!"

이튿날, 꽃신 주인을 찾아다니던 원님이 콩쥐네 집까지 왔어요. 욕심 많은 팥쥐와 새어머니는 서로 자기 신발이라고 우기며 꽃신에 발을 구겨 넣었어요. 둘은 한참 동안 꽃신 신기에 열을 올렸어요.

"왜 이렇게 안 들어가는 거야? 그 사이 발이 부었나?"

원님은 고개를 저으며 꽃신을 빼앗아 콩쥐에게 주었어요.

"흥, 꿈도 야무지다! 너한테 비단 꽃신이 어디 있다고?"

팥쥐가 콧방귀를 뀌며 놀려도 콩쥐는 말없이 신발을 신었어요. 신발은 콩쥐에게 딱 맞았어요. 그뿐인가요? 콩쥐가 나머지 신발 한 짝도 가져오자 새어머니와 팥쥐는 깜짝 놀라 뒤로 나자빠졌죠.

그 후에 어떻게 되었냐고요? 원님은 마음씨 착하고 부지런한 콩쥐가 마음에 들어 부인으로 맞이했답니다. 그동안 콩쥐를 무시하고 못살게 굴던 새어머니와 팥쥐는 원님에게 혼쭐이 났고요.

"넌 콩쥐가 좋아, 팥쥐가 좋아?"라고 물으면 당연히 콩쥐가 좋다고 할 거지요? 아마 팥쥐는 얄밉다고 할걸요? 그렇다면 나는 콩쥐처럼 힘들어도 꿋꿋하게 견디는 사람인가요? 아니면 팥쥐처럼 욕심부리고 못되게 구는 사람인가요? 이야기 속 인물들의 말과 행동을 거울삼아 자신을 한번 되돌아보세요.

트집을 잡다

엄마는 과일 가게 앞에서 멈춰 괜히 트집을 잡았어요. "여기 벌레가 먹었네요! 어머, 여기는 멍이 들었어요!" 결국, 주인아주머니는 울며 겨자 먹기로 싼값에 과일을 팔게 되었죠. 엄마는 득템을 했다며 좋아하시던데, 이거 웃어야 할까요? 울어야 할까요?

'트집'은 아무런 이유 없이 조그만 흠을 들추어내어 불평하는 것을 말해요. '트집을 잡다'는 조그만 흠집을 들추어내거나 없는 흠집을 만든다는 뜻이랍니다.

🟢비 트집을 걸다, 트집을 놓다

입이 떨어지지 않다

"누가 또 쓰레기 버렸니?" 선생님께서 교실 바닥에 떨어진 색종이 조각을 보며 인상을 쓰셨어요. 앗! 그러고 보니 좀 전에 종이접기를 하다가 내가 떨어뜨렸나 봐요. 일부러 그런 건 아니었지만 화가 난 선생님을 보니 차마 입이 떨어지지 않았어요.

입이 붙어서 떨어지지 않으면 말을 하고 싶어도 할 수 없겠지요? 이처럼 '입이 떨어지지 않다'는 입에서 말이 나오지 않는다는 뜻이에요. 반대로 '입이 떨어지다'는 입에서 말이 나온다는 뜻이 되지요.

🟢비 말문이 막히다
🔴반 입이 떨어지다, 말문이 열리다, 말문이 떨어지다

약 올리다

"야! 바닥에 네 지우개 떨어졌어." "어디?" 승태의 말을 듣고 고개를 숙이는 순간, "헤헤, 인사 잘~한다." 윽! 그러면 그렇지. 승태는 친구들 약 올리는 재미로 사나 봐요.

'약 올리다'의 '약'은 기분이 몹시 상할 때 일어나는 분한 감정을 말해요. 마음에 들지 않게 하거나 은근히 화나게 하는 것을 두고 '약 올리다'라고 하지요.

비 염장을 지르다, 속을 긁다, 복장을 긁다

손발이 맞다

경선이가 몰고 오던 공을 슬쩍 밀어 주자 종혁이가 골대를 향하여 "슛!" "골인!" 역시 경선이와 종혁이는 손발이 잘 맞는다니까요.
'손발이 맞다'는 말은 일을 하는 데에 마음이나 의견이 서로 잘 맞는다는 뜻이에요. 줄넘기를 할 때, 손과 발의 속도가 딱딱 맞으면 줄에 걸려 넘어지지 않고 오래 할 수 있는 것처럼요. 이렇게 손발이 잘 맞으면 무슨 일이든 하기 쉬워지지요.

비 손이 맞다, 장단이 맞다, 호흡이 맞다, 죽이 맞다
반 말이 다르다, 물과 기름, 박자가 어긋나다

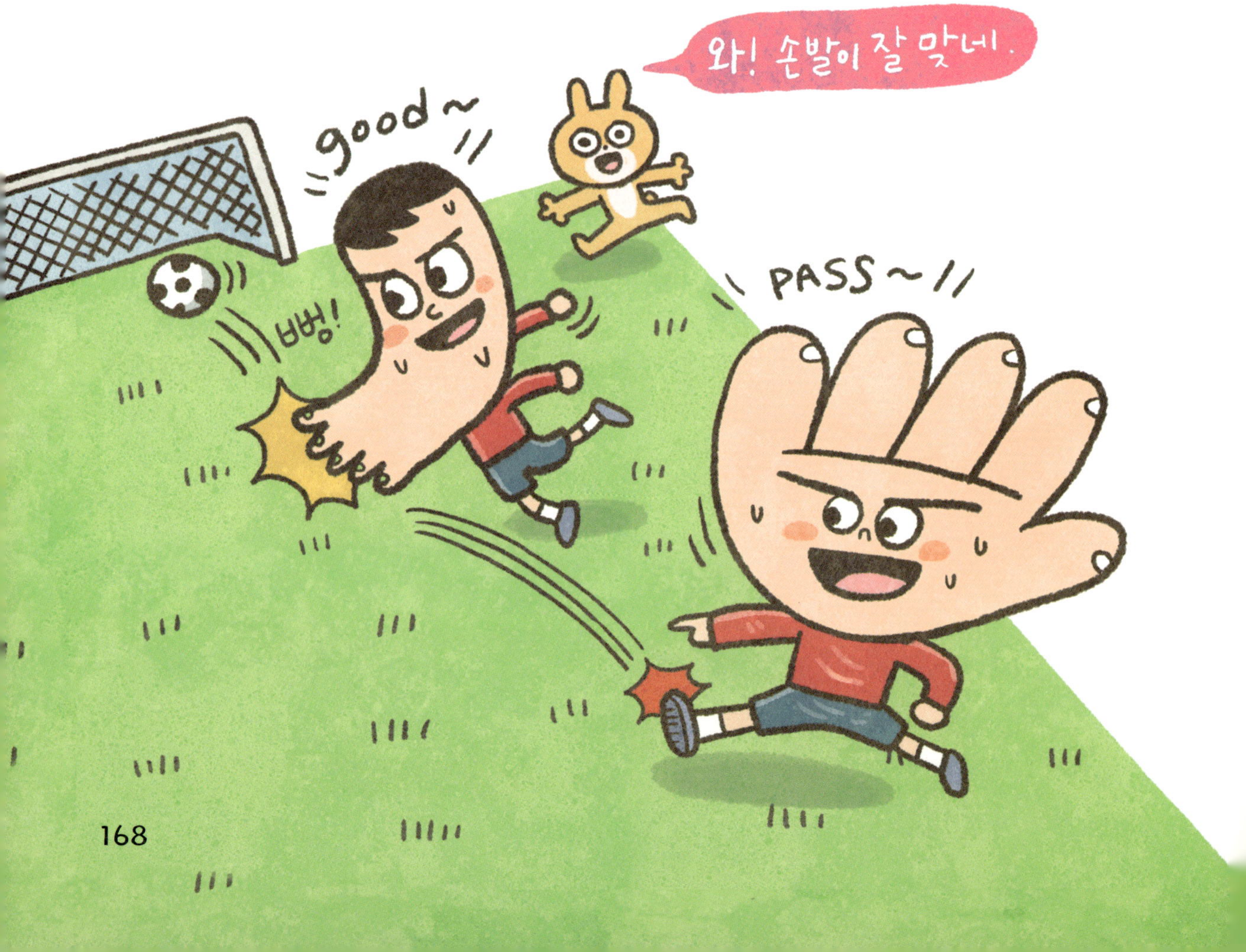

 교과서 수록

손이 빠르다

"얘들아, 이것 좀 도와줄래?" 선생님께서 환경판에 붙일 꽃을 오려 달라고 부탁하셨어요. 어? 그런데 내가 하나 오릴 동안 은선이는 두세 개를 오리네요? 그러고 보니 은선이는 손이 참 빨라요.

물건을 주워 담거나 가위질을 할 때, 손을 빠르게 움직이면 그만큼 일도 빨리 끝낼 수 있어요. 이처럼 '손이 빠르다'는 일을 하는 속도가 빠르다는 말이에요.

비 손이 재다
반 손이 느리다, 손이 뜨다

눈 깜짝할 사이

"얘들아, 복숭아 먹어라." 엄마가 부르자마자 읽던 책을 덮어 두고 나갔는데……. 이럴 수가! 접시 위에는 아무것도 없어요. 오빠가 눈 깜짝할 사이 다 먹어 치워 버렸지 뭐예요? 으앙! 내 복숭아!

눈을 한 번 감았다가 뜨는 시간은 1초도 걸리지 않지요? 그만큼 '눈 깜짝할 사이'라는 말은 매우 짧은 순간을 뜻해요.

성 **순식간**(瞬息間: 눈 깜짝할 순, 숨 쉴 식, 사이 간)
: 눈을 한 번 깜짝하거나 숨 한 번 쉴 만큼의 아주 짧은 동안

발을 구르다

아뿔싸! 하필 수학여행 가는 날 늦잠을 자 버렸어요! 버스는 올 생각을 하지 않고 시간은 흐르는데……. 기다릴 친구들을 생각하며 이러지도 못하고 저러지도 못하고 발만 동동 굴렀어요. 이처럼 ==매우 안타까운 상황에서 안절부절못할 때== '발을 구르다'라고 해요. 화장실이 급할 때 늘어선 줄을 보면 발을 동동 구르게 되고, 또 강물에 빠진 공을 보고서도 발을 동동 구르게 되지요.

🟢 비 가슴을 태우다, 애간장이 녹다, 애태우다
🔴 반 세월아 네월아, 한숨 돌리다

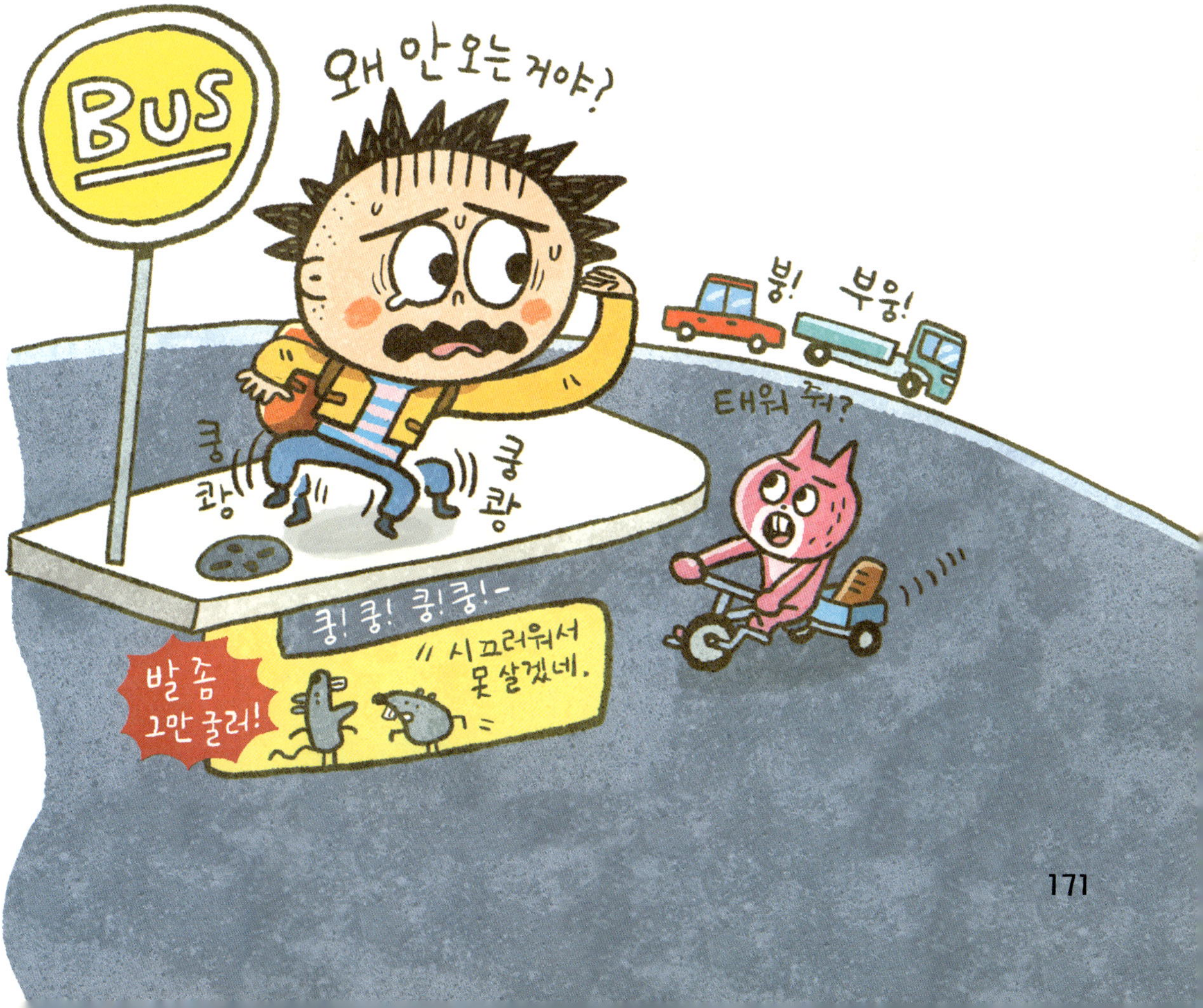

어깨가 처지다

제일 친한 친구 은서가 회장 선거에서 떨어졌대요. 이럴 때는 뭐라고 말을 해야 할지……. 아무렇지 않다고 하는데도 오늘따라 괜히 어깨가 처져 보이네요.

잔뜩 기대하고 있던 일이 잘되지 않거나 자기 모습에 실망했을 때 '에효~' 하고 한숨이 쉬어지지요? 몸은 힘이 다 빠지고 어깨는 푹 내려가게 돼요. 이렇듯 원하던 일이 잘 안되어 풀이 죽고 기가 꺾일 때 '어깨가 처지다'라고 말해요.

🔵비 어깨가 낮아지다, 어깨가 늘어지다
🔴반 어깨를 펴다, 고개를 들다, 가슴을 펴다, 기가 살다

눈살을 찌푸리다

"도대체 요즘 애들은 버릇이 없어요." 할머니가 인사도 안 하고 쌩 지나가는 동네 아이를 보며 눈살을 찌푸리셨어요. 그런데 왜 내 가슴이 뜨끔한 걸까요?

'눈살'은 두 눈썹 사이에 잡히는 주름이에요. 얼굴을 찡그리면 생기지요. 친구들은 어떨 때 눈살을 찌푸리게 되나요? 그때를 생각하면 이 표현의 뜻을 알 수 있어요. 바로 마음에 들지 않아 못마땅할 때지요.

🟢 비 눈초리가 차갑다
🔴 반 눈에 들다, 눈에 차다, 마음에 맞다, 입에 맞다

열을 올리다

운동회에서 백팀과 청팀으로 나눠 줄다리기 시합을 했어요. "백팀 이겨라!" "청팀 이겨라!" 응원석에 앉아 신나게 열심히 응원했지요. 정신없이 응원을 하다 보니 나도 모르게 땀을 흘리고 몸에 열이 올랐어요. 이렇게 하나에 온 정신을 쏟아 열중하는 것을 두고 '열을 올리다'라고 해요. 또 흥분하여 성을 낼 때도 '열을 올리다'라고 하지요. 동생이 다 맞춰 놓은 퍼즐을 망쳐 놓으면 순간 열이 오르는 것처럼 말이죠.

🟢 비 열을 내다, 눈을 뒤집다
🔴 반 열이 식다, 김이 식다

꿈도 야무지다

"엄마, 저 이번 시험에서 1등 하면 맵쏘 콘서트 티켓 사 주세요!" 내가 당당하게 요구하자 엄마가 어이가 없다는 듯 나를 쳐다보지도 않고 말씀하셨어요. "아이고! 꿈도 야무지다. 공부나 하고 그런 소릴 해."

'야무지다'는 속이 차서 단단하고 실속 있다는 뜻이에요. 그러니까 '꿈도 야무지다'는 바라고 꿈꾸는 것이 아주 실속 있고 빈틈이 없다는 거예요. 이 말은 일을 못하는 사람에게 "잘~한다."라고 반대로 비꼬아 표현하는 것처럼 희망하고 바라는 것이 너무 커서 이루어질 수 없다는 것을 비꼬아 이르는 말이랍니다.

콧방귀를 뀌다

"방학 동안 다이어트해서 꼭 살을 뺄 거야!" 현아의 말에 콧방귀를 뀌며 무시했는데 오늘 보니 살이 쏙 빠져 다른 사람인 줄 알았어요. 알고 보니 그동안 쉬지 않고 줄넘기 운동을 했대요.

코로 나오는 숨을 막았다가 갑자기 터뜨리면서 불어 내는 소리를 '콧방귀'라고 해요. '콧방귀를 뀌다'는 아니꼽거나 못마땅하여 남의 말을 들은 체 만 체 하며 말대꾸를 하지 않을 때 사용하는 표현이에요. 별말 없이 "쳇!", "흥!" 하고 무시하고 지나치는 경우처럼 말이죠.

비 콧방귀를 날리다

흥부와 놀부

작품 속 관용어

눈을 씻고 보려야 볼 수 없다 | 세상을 떠나다 | 손발이 닳도록 빌다
나 몰라라 하다 | 오갈 데가 없다 | 입에 풀칠하다 | 숨 돌릴 사이도 없다
씻은 듯이 | 꿈인지 생시인지 | 겁에 질리다 | 둘도 없다

　옛날, 어느 마을에 닮은 데라고는 눈을 씻고 보려야 볼 수 없는 두 형제가 살고 있었어요.

　동생 흥부는 마음씨가 비단처럼 고왔어요. 우는 아이 달래 주고, 배고픈 사람 먹을 것 주고, 작은 콩 한 조각도 나눠 먹었죠. 반대로 형 놀부는 거지가 찾아오면 밥그릇을 뺏어 던지고, 우는 아이 쥐어박고, 이웃집 호박에 말뚝 박고, 길 가던 강아지 발로 걷어차고. 그뿐인가요? 부모님이 세상을 떠나자마자 동생 흥부를 쫓아내고 혼자 재산을 몽땅 차지했어요.

"형님, 이 추운 겨울에 어린 자식들을 데리고 어디로 간단 말입니까? 봄이 될 때까지만 기다려 주십시오."

흥부가 손발이 닳도록 빌며 애원했지만, 놀부는 들은 척도 안 하고 나 몰라라 했어요. 결국, 흥부네 가족은 숟가락 하나 챙기지 못하고 맨몸으로 쫓겨났지요. 오갈 데가 없어진 흥부네 가족은 버려진 초가집에서 살게 되었어요.

이듬해 봄, 다 쓰러져 가는 흥부네 초가집 지붕 밑에 제비가 날아와 둥지를 틀었어요.

"제비는 좋겠다. 매일매일 먹을 게 있어서. 우리는 입에 풀칠하기도 어려운데……."

흥부네 아이들이 꼬르륵꼬르륵 울어 대는 배를 움켜쥐고 제비 둥지를 쳐다보고 있을 때였어요. 어디선가 커다란 구렁이 한 마리가 스르륵 지붕을 타고 나타났어요.

"아버지! 구렁이가 제비 새끼를 다 잡아먹으려고 해요!"

다급한 소리를 듣고 흥부가 헐레벌떡 달려왔어요. 흥부는 숨 돌릴 사이도 없이 기다란 장대를 찾아 휘휘 휘둘렀어요. 구렁이는 혀를 날름거리며 도망갔지요.

"아이고, 불쌍해라! 구렁이 때문에 놀라 둥지에서 떨어졌구나."

흥부와 식구들은 땅에 떨어져 버둥거리는 제비 새끼를 정성껏 보살폈어요. 부러진 다리를 동여매고 벌레도 잡아 먹였지요. 어느덧 제비 다리는 씻은 듯이 나았어요. 그리고 가을이 되자 남쪽 나라로 날아갔어요.

다시 추운 겨울이 지나고 새봄이 왔어요. 초가지붕 아래 살던 제비도 돌아왔지요. 제비는 인사라도 하려는 듯 흥부 곁에 날아오더니 박씨 하나를 툭 떨궜어요. 흥부는 박씨를 울타리 밑에 고이고이 심었어요.

"여보, 여보! 이것 좀 보세요! 며칠 만에 박이 달덩이만큼 커졌어요."

"허허, 배고픈데 잘되었네. 저 박으로 박죽이라도 끓여 먹읍시다!"

흥부와 아내는 낑낑거리며 박을 타기 시작했어요. 이웃집에서 커다란 톱을 빌려와 주거니 받거니 흥얼흥얼 노래까지 부르면서 말이에요. 드디어 첫 번째 박이 '쩍!' 하고 갈라졌어요.

"에구머니! 이게 웬 쌀이야?"

흥부 아내가 깜짝 놀라 눈이 휘둥그레졌어요. 박 속에서 쌀이 끊임없이 쏟아져 나왔고 심지어 금은보화도 주르르 쏟아졌어요.

"아니, 이게 꿈인지 생시인지 모르겠구려!"

흥부네는 제비가 가져다준 박씨 덕분에 큰 부자가 되었어요.

욕심쟁이 놀부가 이 소식을 듣고 가만히 있을 리가 있나요? 놀부는 당장 흥부를 찾아왔어요.

"네 말이 하나도 빠짐없이 사실이렷다?"

"아무렴요. 제가 형님에게 거짓말을 하겠습니까?"

흥부가 그동안 있었던 일을 말씀드리며 사람 좋게 웃었어요. 놀부는 더 듣지도 않고 집으로 휙 달려가 다짜고짜 처마 밑 제비부터 찾았어요. 그러고는 멀쩡한 제비 다리를 톡 부러뜨렸다가 고쳐 주었죠.

이듬해 봄, 제비가 놀부네 집에도 박씨를 물어다 주었어요. 놀부는 서둘러 박씨를 심었어요.

"하하하! 나도 이제 곧 부자가 되겠구나!"

놀부는 부자가 될 꿈에 부풀어 박이 채 익기도 전에 쓱싹쓱싹 박을 탔어요. 서걱서걱 익지도 않은 박이 "쩍!" 하고 갈라졌어요.

"으악! 이게 무슨 일이야?"

박에서는 우락부락 무섭게 생긴 도깨비들이 우르르 몰려나왔어요. 놀부 아내는 겁에 질려 벌벌 떨었고, 놀부도 손으로 얼굴을 가리고 넙죽 엎드려 오들오들 떨었어요. 도깨비들은 욕심쟁이 놀부를 흠씬 두들겨 팼어요. 뾰족뾰족한 방망이로 집의 물건도 닥치는 대로 때려 부쉈고요.

한참 후, 놀부가 정신을 차리고 보니 집안은 거지꼴이 되어 있었어요. 놀부와 아내는 가슴을 치며 엉엉 울었어요.

한편, 소문을 듣고 찾아온 흥부는 놀부를 위로하며 말했어요.

"형님과 저는 둘도 없는 형제 아닙니까! 이제부터 저희와 함께 사세요."

놀부는 후회의 눈물을 뚝뚝 흘리며 고마운 동생의 손을 꼭 잡았답니다.

그러고 보면 놀부처럼 자기만 잘살려고 못되게 구는 사람은 꼭 도깨비의 벌이 아니더라도 끝이 좋지 않은 것 같아요. 또 흥부처럼 여러 사람을 도와주고 착한 일을 하면 복을 받는 것은 당연한 일이고요. 여러분도 흥부처럼 어려운 상황 속에서도 좌절하지 않고 착하게 살면 꼭 좋은 일이 생길 거예요.

눈을 씻고 보려야 볼 수 없다

친척 언니가 신고 나온 신발이 예뻐 보였어요. 그래서 나도 똑같은 것을 사려고 인터넷을 다 뒤져도 사이트마다 품절, 품절, 품절, 품절. 눈을 씻고 보려야 볼 수가 없더라고요.

'눈을 씻고 보다'라는 말은 정신을 바짝 차리고 집중하여 본다는 뜻이에요. 그런데 '눈을 씻고 보려야 볼 수 없다'고 하니 집중해서 찾아보려고 해도 볼 수 없다는 말이지요. 아주 드물어 찾기가 너무 어려울 때 사용하는 말이랍니다.

세상을 떠나다

4월 16일. 수학여행을 가던 언니, 오빠들이 사고로 갑자기 세상을 떠난 날이에요. 가슴 아픈 날이지만 잊어서는 안 된다며 선생님이 노란 리본을 나눠 주셨어요. '세상을 떠나다'라는 말은 사람들이 사는 곳을 떠나 하늘 나라로 갔다는 의미가 담겨 있어요. 즉, 죽다라는 말을 모나지 않고 부드럽게 표현한 것이지요.

비 세상을 버리다, 세상을 등지다, 숨을 거두다, 눈을 감다

손발이 닳도록 빌다

"김수빈! 너 어제 놀이터에서 만나자더니 왜 안 나왔냐? 한 시간이나 기다렸잖아!" 아차! 게임 하다가 현수하고의 약속을 깜빡한 거 있죠? 현수가 씩씩거리며 불같이 화를 냈어요. 이크, 현수의 화를 풀어 주려면 얼른 손발이 닳도록 빌어야겠어요.

뭔가를 잘못했을 때 손을 싹싹 비비며 용서해 달라고 빌잖아요. 그런데 '손발이 닳도록 빌다'는 말은 손뿐 아니라 발까지 같이 비는 것이니 잘못을 용서해 달라고 몹시 비는 것을 뜻하겠지요?

나 몰라라 하다

집에 가려고 나왔는데 운동장에서 어린아이가 울고 있는 거예요. 그냥 지나쳐 갈까 하다가 나 몰라라 할 수 없어서 교무실 선생님께 데려다주었더니 착한 일을 했다면서 사탕을 주셨어요. 역시 착한 일을 하면 복을 받나 봐요. 하하!

"나는 몰라!" 하고 쌩 돌아서 버리는 것은 그 일에 상관하지 않겠다는 것이겠지요? 이처럼 '나 몰라라 하다'는 무관심한 태도로 상관하지도 않고 간섭하지도 않겠다는 뜻이에요. 명사형으로 '나몰라라식'이라고도 하지요.

비 그러거나 말거나, 눈을 떼다, 신경을 끊다
반 신경을 쓰다, 눈길을 주다

오갈 데가 없다

할머니께서 먹다 남은 생선을 모아 두래요. 혹시 상한 음식을 드시는 건 아닐까 걱정했더니 오갈 데 없는 길고양이 밥을 챙기시는 거래요. 휴~ 난 또 다시 드시려는 건 줄 알았지 뭐예요.

길고양이가 한 곳에 머물지 못하고 여기저기 오고 가며 떠돌아다니는 것은 집이 없기 때문이겠죠? 그러니까 '오갈 데가 없다'는 살 집이 없다는 말이에요. 의지할 곳이 없다는 뜻도 되지요.

비 거리에 나앉다
반 둥지를 틀다, 둥지를 치다

입에 풀칠하다

풀칠을 한다니까 종이를 붙이는 풀이 생각나지요? 그러면 입을 붙일 것도 아닌데 왜 '입에 풀칠한다'고 했을까요? 옛날, 가난한 사람들은 쌀밥은커녕 보리밥도 제대로 먹지 못했어요. 그래서 소량의 밀가루나 쌀가루에 물을 아주 많이 넣고 죽보다 더 묽게 풀죽을 끓여 먹었지요. 그런데 이것조차 배부르게 먹지 못하고 겨우 입에 풀칠만 하는 정도이니 <mark>먹을 것이 없어 겨우겨우 살아간다</mark>는 뜻이에요.

🅱 목구멍에 풀칠하다, 춥고 배고프다, 흙 파먹고 살다, 손가락만 빨다, 보리동냥
🅿 기름이 흐르다, 배를 두드리다

숨 돌릴 사이도 없다

오늘은 발표회가 있는 날, 선생님은 계속 "애들아! 빨리빨리!"라며 숨 돌릴 사이도 없이 재촉하세요. 리코더 연주가 끝나자마자 바로 무용 순서이니 얼른 옷을 갈아입어야 하거든요. 정신없이 발을 움직여야 하는 백조처럼, 멋진 공연을 위해 무대 뒤에서 숨 돌릴 사이도 없이 준비했어요. 이렇게 '숨 돌릴 사이도 없다'는 말은 <mark>가쁜 숨을 고를 정도의 잠깐의 여유도 없다</mark>는 뜻이에요. '사이'와 같은 의미를 가진 '틈'이라는 단어를 사용해 '숨 돌릴 틈도 없다'라고 표현하기도 해요.

비 숨 쉴 사이 없다, 숨 쉴 새도 없이, 숨도 쉬지 않고

씻은 듯이

종혁이는 공부 시간 내내 머리가 아프다며 엎드려 있었어요. 그런데 선생님이 운동장에서 피구를 한다고 하니까 벌떡 일어나는 것 있죠? '피구'라는 소리에 아픈 머리가 씻은 듯이 다 나았다나요?
'씻은 듯이'는 말 그대로 씻은 것처럼 <mark>아주 깨끗하게</mark>라는 뜻이에요. 흔적이 남지 않게 나았을 때 씻은 듯이 나았다고 말하지요.

꿈인지 생시인지

"이번 독후감 대회에서 우리 반 대표 예은이가 최우수상을 탔어요. 축하해 주세요." 선생님께서 칭찬해 주시고 친구들의 박수를 받으니 이게 꿈인지 생시인지 모르겠더라고요.

생시(生時: 날 생, 때 시)는 자지 않고 깨어 있을 때를 의미해요. 간절히 바라던 일이 현실에서 이루어져 꿈처럼 여겨질 때 '꿈인지 생시인지'라고 말하지요. 아주 기쁜 일이 생겼을 때 볼을 꼬집으며 '이게 꿈인가?'라고 확인하는 것처럼 말이에요.

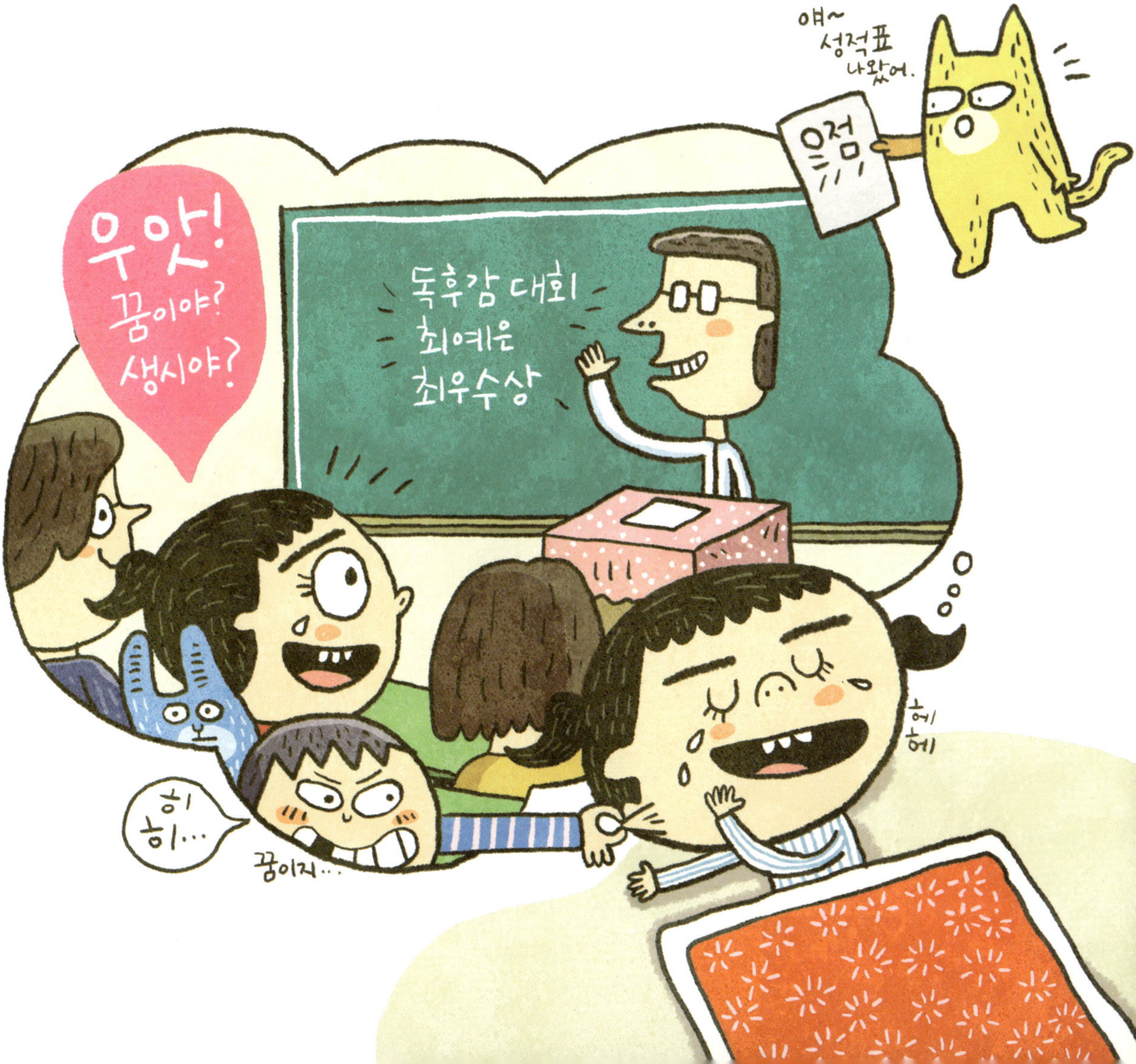

겁에 질리다

붕~붕~ 날아다니는 벌이 교실에 들어와 여자애들이 겁에 질려서 소리를 지르고 한바탕 난리가 났죠.

'질리다'라는 말 자체가 놀라거나 두려워서 기가 막힌다는 뜻이에요. '겁에 질리다'는 말 그대로 잔뜩 겁을 먹어서 기를 못 쓴다는 의미죠. 겁을 먹었다는 의미로 '파랗게 질리다'라는 표현을 사용하는 것도 같은 이유예요.

🟢 비 간이 떨리다, 간이 콩알만 하다, 파랗게 질리다
🔴 반 간이 크다, 뱃심이 좋다

둘도 없다

아빠가 기분 좋을 때 꼭 하는 말씀이 있어요. "세상에서 제일 예쁜, 세상에 둘도 없는 우리 딸~" 술 냄새 난다고 짜증을 냈지만 사실 기분이 썩 나쁘지만은 않아요.

세상에 둘도 없다는 것은 하나밖에 없다는 말이에요. <mark>오직 하나뿐이고 더는 대신할 것이 없는 아주 소중한 것을 이를 때</mark> 쓰는 표현이랍니다.

반 발에 채다, 발길에 차이다
성 유일무이(唯一無二: 오직 유, 한 일, 없을 무, 두 이): 오직 하나뿐이고 둘도 없음

이 책에 나오는 관용어

ㄱ

관용어	쪽
가슴을 태우다	114
가슴을 펴다 ★교과서 수록	33
가슴이 내려앉다 ★교과서 수록	115
가슴이 무너져 내리다	58
간발의 차이 ★교과서 수록	124
간에 기별도 안 가다	15
간이 떨어지다 ★교과서 수록	150
간이 붓다	17
걱정이 태산이다	90
걸음을 재촉하다	75
겁에 질리다 ★교과서 수록	188
골탕 먹이다 ★교과서 수록	155
군침을 삼키다 ★교과서 수록	98
귀 기울이다 ★교과서 수록	49
귀가 번쩍 뜨이다 ★교과서 수록	138
귀가 얇다 ★교과서 수록	20
귀를 의심하다	60
귀에 못이 박히다	91
귀청이 떨어지다	93
그림의 떡 ★교과서 수록	99
기가 차다 ★교과서 수록	95
기를 쓰다	76
길이 바쁘다	75
깨가 쏟아지다 ★교과서 수록	74
꼬리를 감추다	110
꼬리에 꼬리를 물다	126
꿀밤을 먹다 ★교과서 수록	129
꿈도 야무지다	174
꿈에도 생각지 못하다 ★교과서 수록	153
꿈인지 생시인지 ★교과서 수록	187
끝을 보다	80

ㄴ

관용어	쪽
나 몰라라 하다	184
눈 깜짝할 사이	170
눈 밖에 나다	44
눈 하나 깜짝 안 하다 ★교과서 수록	80
눈독을 들이다 ★교과서 수록	81
눈만 뜨면	129
눈물을 짜다	96
눈물이 앞을 가리다	61
눈살을 찌푸리다	173
눈앞이 캄캄하다 ★교과서 수록	65
눈에 밟히다	122
눈에 불을 켜다	83
눈을 씻고 보려야 볼 수 없다	182
눈을 의심하다 ★교과서 수록	78
눈이 뒤집히다	50
눈이 등잔만 하다	66
눈이 번쩍 뜨이다	31
눈치를 보다 ★교과서 수록	142

ㄷ

관용어	쪽
닭똥 같은 눈물	142
더위를 먹다 ★교과서 수록	28
두말하면 잔소리 ★교과서 수록	32
둘도 없다	189
등을 떠밀다	137
땅이 꺼지다 ★교과서 수록	136
똥구멍이 찢어지다	150

ㅁ

관용어	쪽
마음에 없다	19
말문을 열다	50
말문이 막히다	34
말을 바꾸어 타다	82
머리를 굴리다 ★교과서 수록	19
머리를 맞대다 ★교과서 수록	77
머리를 숙이다 ★교과서 수록	46
머리털이 곤두서다 ★교과서 수록	152
면목이 없다	61
목숨을 바치다	62
목에 힘을 주다 ★교과서 수록	48
목이 빠지게 기다리다 ★교과서 수록	16
목이 타다	97
무릎을 치다 ★교과서 수록	156
문턱이 닳도록 드나들다	127
밑도 끝도 없다 ★교과서 수록	151
밑져야 본전	139

ㅂ

관용어	쪽
바가지를 씌우다 ★교과서 수록	123
발 벗고 나서다 ★교과서 수록	109

관용어	쪽
발을 구르다 ★교과서 수록	171
발을 빼다	45
발이 묶이다 ★교과서 수록	125
발이 손이 되도록 빌다	35
밤낮을 가리지 않다 ★교과서 수록	140
배꼽을 잡다	21
보는 눈이 있다	122
보통이 아니다 ★교과서 수록	92
뼈만 남다	126
뼈를 깎다	63
뿌리 뽑다 ★교과서 수록	113

ㅅ

관용어	쪽
사람을 잡다	94
사족을 못 쓰다	14
살얼음을 밟듯이	125
새파랗게 질리다	108
서슬이 푸르다 ★교과서 수록	18
서쪽에서 해가 뜨다	46
세상을 떠나다 ★교과서 수록	182
소리 소문도 없이	154
속이 끓다	29
속이 시원하다 ★교과서 수록	44
속이 타다 ★교과서 수록	136
손가락 하나 까딱 않다	20
손발이 닳도록 빌다	183
손발이 맞다 ★교과서 수록	168
손사래를 치다 ★교과서 수록	93
손을 놓다	107
손이 맵다 ★교과서 수록	140
손이 모자라다 ★교과서 수록	158
손이 빠르다 ★교과서 수록	169
숨 돌릴 사이도 없다	186
숨넘어가는 소리	14
숨을 거두다	64
시치미를 떼다 ★교과서 수록	154
쑥대밭이 되다	106
씻은 듯이	186

ㅇ

관용어	쪽
약 올리다	167
어금니를 악물다	64
어깨가 올라가다 ★교과서 수록	48
어깨가 처지다	172
억장이 무너지다	115
얼굴을 들다	37
엎지른 물	35
엎친 데 덮치다	106
열을 올리다	173
오갈 데가 없다	184
웬 떡이냐	159
이를 갈다	17
이를 악물다	30
입김이 어리다	59
입에 침이 마르다	112
입에 풀칠하다	185
입을 모으다 ★교과서 수록	36
입이 귀밑까지 찢어지다 ★교과서 수록	47
입이 딱 벌어지다	79
입이 떨어지지 않다	166

ㅈ

관용어	쪽
자리를 털고 일어나다	67
자리에 눕다	58
잔머리를 굴리다	157
정신을 차리다 ★교과서 수록	143
주먹을 불끈 쥐다 ★교과서 수록	30
쥐 죽은 듯	111

ㅊ

관용어	쪽
침을 삼키다 ★교과서 수록	90

ㅋ

관용어	쪽
코웃음 치다 ★교과서 수록	138
콧방귀를 뀌다	175

ㅌ

관용어	쪽
트집을 잡다	166

ㅍ

관용어	쪽
팔소매를 걷다 ★교과서 수록	28

ㅎ

관용어	쪽
한술 더 뜨다	157
한숨 돌리다	141
허리를 잡다	51
혀를 차다 ★교과서 수록	128

지은이 박수미
그린이 김잔디·이창우
펴낸이 정규도
펴낸곳 (주)다락원

초판 1쇄 발행 2016년 2월 15일
　　3쇄 발행 2020년 12월 21일

편집총괄 최운선
책임편집 김지혜, 김혜란
디자인 김성희, 이승현

다락원 경기도 파주시 문발로 211
내용문의: (02)736-2031 내선 272
구입문의: (02)736-2031 내선 250~252
Fax: (02)732-2037
출판등록 1977년 9월 16일 제406-2008-000007호

Copyright ⓒ 2016, 박수미

저자 및 출판사의 허락 없이 이 책의 일부 또는 전부를 무단 복제·전재·발췌할 수 없습니다. 구입 후 철회는 회사 내규에 부합하는 경우에 가능하므로 구입문의처에 문의하시기 바랍니다. 분실·파손 등에 따른 소비자 피해에 대해서는 공정거래위원회에서 고시한 소비자 분쟁 해결 기준에 따라 보상 가능합니다. 잘못된 책은 바꿔 드립니다.

값 12,000원
ISBN 978-89-277-4638-6 73700

http://www.darakwon.co.kr
다락원 홈페이지를 통해 인터넷 주문을 하시면 자세한 정보와 함께 다양한 혜택을 받으실 수 있습니다.